Herbert Guttropf

•

Flussab und Flussauf
im Kehrwasser

Gewidmet meinen Paddelfreunden und Mitpaddlern
in dieser Zeit
Dieter Kaps (Sagenhaft) , Günther Wohlfeil
und Edmund (Eddi) Arnold

Auf dem Strome will ich fahren
von dem Glanze selig blind
tausend Stimmen lockend schlagen
hoch Aurora flammend weht
fahre zu! Ich mag nicht fragen
wo die Fahrt zu Ende geht
Josef von Eichendorf

Herbert Guttropf

Flussab und Flussauf im Kehrwasser

So lernten wir damals (ab 1968) im Wildwasser paddeln

Bibliografische Information der Deutschen Nationalbibliothek
Die Deutsche Nationalbibliothek verzeichnet diese Publikation in der Deutschen
Nationalbibliografie; detaillierte bibliografische Daten sind im Internet über
http://dnb.d-nb.de abrufbar.

Satz, Umschlaggestaltung, Herstellung und Verlag:
Books on Demand GmbH, Norderstedt
ISBN 978-3-8391-7566-8

Inhalt

Vorwort

Viele Jahre waren wir auf kleinen und großen Flüssen im In – und Ausland unterwegs. Mit Einer- und Zweierfaltbooten und kleinen Zelten wurden die Reisen gemacht. An- und Abreise erfolgte mit der Bahn. Als wir dann Autos hatten war es bequemer an die Gewässer zu kommen. Wir wurden unabhängiger von den Fahrplänen der Bundesbahn. In den Bootshäusern der Vereine lagerten bald mehr starre Kajaks als Gummiboote, weil der Kunststoff viel unempfindlicher war.

Zelten nahe am Wasser auf einer schönen Wiese, möglichst mit Badeplatz, war zu der Zeit an vielen Flüssen noch möglich. Wurde bald, bedingt durch die zunehmende Motorisierung, immer mehr eingeschränkt. So mussten wir an Bootshäusern und auf öffentlichen Campingplätzen unser Lager aufschlagen. Die immer besser werdenden Boote, aus dem neu entwickeltem Material, waren den Faltbooten auf Wildwasser und Kleinflüssen überlegen. Es waren mehr Paddler als früher unterwegs. Manche Gewässer kamen uns vor wie feuchte Waldwege. Mit den Polyesterbooten wurde über die Steine geschruppt, dass die Steine am Grund in vielen Farben schimmerten. Das erfreute die Angler ebenso wenig wie Vogelfreunde und Naturschützer. Diese versuchten den Paddlern Schwierigkeiten zu machen. Das war aber nicht so einfach da das Oberflächenwasser Gemeingebrauch war und ist. Dennoch gibt es heute mehrere hundert Befahrungsregeln.

Das nächste Problem waren und sind heute noch die Flussverbauungen. Kanäle, Staustufen für die Großschifffahrt und Kraftwerke wurden zu den unterschiedlichsten Zwecken gebaut. Viele Stauseen, Rückhaltebecken und Bachfassungen werden heute zur Verstromung (Stromerzeugung) genutzt. Im DKV Sporttaschenbuch 1971 fand ich folgendes über Wildwasser: Das Ersatzpaddel soll so im Boot verklemmt sein, dass es bei einer Kenterung nicht herausfällt. Auf Wildflüssen ist ein Kopfschutz erforderlich. Ab WW III ist eine Schwimmweste zu tragen mit 7 Kilo Auftrieb.

Wildwasser, was ist das?

Da lesen wir im „Brockhaus": Wildbach, Gebirgsbach, der zuweilen große Schuttmassen zu Tal führt und große Schäden verursacht.

Die Schwierigkeitstabelle des Deutschen Kanuverbandes für Wildwasser sah damals folgendermaßen aus: (Stand: 1960)

Wildwasser-Tabelle

I leicht. Fallweise kleine Schwälle mit regelmäßigen, meist niedrigen Wellen. Leichte Erkennbarkeit der zweckmäßigen Fahrbahn, auf deren Einhaltung wegen besonderer Hindernisse zu achten ist.

II mittelschwierig. Häufiger vorkommende Schwälle mit meist noch regelmäßiger Wellenbildung, nicht schwierig zu überwindende Wirbel und Kehren. Zweckmäßige Fahrbahn im allgemeinen leicht erkenntlich. Leichte und mittelschwere Floßgassen.

III schwierig. Zahlreiche Schwälle mit höheren, unregelmäßigen Wellen, Brechern, Wirbeln und Kehren. Zweckmäßige Fahrbahn nicht immer leicht erkennbar. Schwierige Floßgassen.

IV sehr schwierig. Lang ausgedehnte Schwallstrecken mit hohen, unregelmäßigen Wellen, schwierigen Brechern, schwierigen Wirbeln und scharfen Kurven. Zweckmäßige Fahrbahn oft schwierig zu erkennen, daher Besichtigung von Land aus sehr empfehlenswert. Schwierigste Floßgassen.

V überaus schwierig. Lange, ununterbrochene Schwallstrecken, mit schwierigen, ganz unregelmäßigen Brechern, die überfahren werden müssen, schwierigste Wirbel- und Kehrenbildungen bei oft außerordentlich großer Strömungsgeschwindigkeit. Besichtigung oft unerlässlich.

VI äußerst schwierig. Steigerung aller genannten Schwierigkeiten bis an die Grenze des heute zu Bewältigenden. *Bemerkungen: (auszugsweise und stark gekürzt) Eine Änderung des Wasserstandes bringt immer eine Änderung der Schwierigkeiten mit von „nicht fahrbar wegen Niederwasser" bis „unfahrbar wegen Hochwasser", und weiter jede Wildwasserfahrt setzt Bootsbeherrschung und bestes Schwimmvermögen voraus. Wildwasserneulinge sollten nur in Begleitung auf leichtem Wildwasser unterwegs sein. WW IV ist nur für Fortgeschrittene. WW V und VI ist nur für die erfahrenen und besten Paddler. Bei der Befahrung von Wildwassern ab Stufe IV ist das Tragen eines „Schwimmkissens!!!" Pflicht. Stand damals auf der Seite 10 des Deutschen Fluß- und Zeltwanderbuches 1961 bearbeitet von Hans Egon Vesper.*

Vom Wanderpaddler zum Wildwasserfahrer

Auf Wanderfahrt mit Faltbooten gab es wenig zu beachten. Meist paddelten wir auf wenig strömenden oder stehendem Wasser. Vorwärtspaddeln, Kurven fahren und anlegen gegen die Strömung beherrschten wir nach kurzer Zeit. Ganz egal ob die Boote leer oder beladen waren. Oft waren wir auf Wanderfahrt und schleppten viele Nötige oder Unnötige Ausrüstung mit herum. Was an Wehren und Umtragstellen richtige Arbeit war. Es machte dennoch Spaß. Zum Wildwasserpaddeln war mehr Können nötig wie wir bis dahin besaßen. Das fing an mit dem Ein- und Aussteigen in den damals noch engen Luken der ersten Kunststoffboote. Vom Faltboot waren wir nur große Luken gewohnt. Ausnahme waren nur Slalom – Faltboote wie etwa der T 67 von Klepper oder Ähnliche anderer Hersteller. Grundsätzlich war es ratsam nur gegen die Strömung einzusteigen. Mit Paddelbrücke also Paddel hinter dem Sitz auflegen und an oder auf einem Stein auflegen um nicht beim Einsteigen gleich in den Bach zu fallen. Was leider oft vorkam. Wir mussten uns alles selbst beibringen. Es gab noch keine Kanuschulen und außer den Naturfreunden, bot keiner etwas an um uns das Wildwasser (WW) – fahren beizubringen. So lernten wir langsam, etwas angeregt durch Rittlingers „Neue Schule des Kanusports" dem damaligen Klassiker der Wanderpaddler, besser zu paddeln. Mit Kehrwasser, Wellen, Walzen und Prallhängen machten wir uns langsam vertraut. Kehrwasser anfahren und in die Strömung wieder einschlingen wurde eifrig geübt und mancher sah sich dabei sein Boot von unten an zum Schrecken der Fische. Paddelstütze, Ziehschlag und Bogenschlag probierten wir immer wieder um mehr Sicherheit im wilden Wasser zu bekommen. Wehre mit Stufen und Walzen haben wir zu Anfang umgetragen. Von fahrbaren Wehren haben wir uns fern gehalten und lieber umgetragen um nichts zu riskieren. Reinfallen und noch das Boot flicken war nicht so beliebt bei den. Paddlern. Obwohl beides nie ganz zu vermeiden war. In acht nehmen mussten wir uns auch vor im Wasser liegenden Bäumen, Ästen, Treibholz und knapp unter der Wasserlinie liegenden kleinen und großen Felsen. Prallhänge und unterspülte Felswände waren immer und sind es heute noch eine besondere Gefahrenstelle und je mehr Gefälle die von uns ausgewählten Gewässer hatten desto besser sollte unser Fahrkönnen sein. Das dauerte zu der Zeit viele Jahre und wir mussten an mehreren Wildwasser Wochen in Obervellach teilnehmen um unser paddlerisches Können entscheidend zu verbessern. Seilfähre vorwärts und rückwärts sollte oft geübt werden. Wichtig beim wechseln der Uferseiten ist quer treiben oder paddeln gefährlich, weil dem Bootskörper so eine große seitliche Angriffsfläche geboten wird. Dadurch kommt der Paddler leicht in Schwierigkeiten. Oberstes Gebot ist immer vorausschauend zu paddeln, um Gefahrenstellen rechtzeitig zu erkennen und blitzschnell zu handeln.

Gefällstufe auf der Seckach
Erste Bekanntschaft mit „leichtem" Wildwasser.
Die Anfänge noch mit Faltbooten.

Mit Faltbooteinern auf der Seckach

Im „Deutschen Fluß- und Zeltwanderbuch" wie es damals hieß und herausgegeben vom Deutschen Kanu-Verband war über die Seckach nur folgendes zu lesen: Möckmühl, rechts, die Mündung der Seckach, nur bei Hochwasser ab Adelsheim, 40 Gefällstufen. Mehr war uns nicht bekannt.

An einem Sonntag im Mai 1963 wollten wir es genau wissen, ob die Seckach ab Adelsheim leichtes WW hat und mit Einer-Faltbooten zu befahren ist. Früh am Sonntagmorgen machten wir uns mit zwei Autos, VW Käfer und Goggomobil und drei abgebauten Faltbooten auf den Weg. Nach gut zwei Stunden war Möckmühl an der Jagst erreicht. Karlheinz und Klaus ließen das Goggo am nördlichen Ortsausgang stehen. Die drei Boote hatten wir schon bei uns am Bootshaus in Heidelberg geladen. Drei Stabtaschen auf dem Dachträger, der Rest von Taschen und Zubehör im Innenraum des VW´s. Über Roigheim und Sennfeld waren es etwa 13 Kilometer, da standen wir an der Brücke, die sich über die munter dahin plätschernde Seckach spannte. Eine moderne Betonkonstruktion, darunter sollte der Pegel sein. Von oben, etwa fünf Meter über dem Wasserspiegel, kam uns der Wasserstand ausreichend vor. Ohne zu wissen wie hoch ein so genannter Hochwasserstand sei. Karlheinz war nun unter der Brücke und hatte zwischen den hohen Brennnesseln den Pegel ausfindig gemacht. Er rief uns zu: „Sechzig Zentimeter" hallte es mehrmals unter der Brücke. „Mach, komm´ rauf, die Boote aufbauen, bevor es zu regnen anfängt" rief Klaus zurück Es ging nun alles sehr schnell. Bald saßen wir drei in den Booten. In Erwartung was uns auf dem unbekannten, hier nur knapp zehn Meter breiten klaren Wasserlauf, für Hindernisse im Weg stehen würden. Wie hoch und wie fahrbar sind die Gefällstufen für die empfindlichen Faltboothäute. Klebeband hatten wir für den Fall der Fälle mitgenommen. Von der Straße aus war selten das Gewässer sichtbar. Etwa 100 Meter nach der Einstiegstelle verschwand es im Gebüsch. Nach einigen hundert Metern rauschte es auch schon vor uns. Eine erste niedere, gut auf einer Seite fahrbaren Stufe, brachten wir schnell hinter uns. Das Gefälle von Adelsheim bis Möckmühl beträgt auf den 15 Kilometern fast sechzig Meter. Drei Wehre mussten umtragen werden was mit aussteigen und etwas Schlepperei verbunden war. Leichter Nieselregen begleitete uns bei der Paddelei über die Gefällstufen. Von fünfzig oder weniger Zentimeter bis zu einem Meter hoch, je nach Wasserstand, waren die aus rundgeschliffenen, größeren und kleineren Steinen wie aufgesetzt wirkenden Stufen. Wie viele es waren hat keiner von uns gezählt. Die schweren, vier Meter fünfzig langen und fünfundsechzig Zentimeter breiten Faltboote, durch die engen und manchmal in kurzen Abständen folgenden Stufen zu manövrieren war für uns nicht so einfach. Aber machbar wie sich bald herausstellte. Alles ohne Umschmiss und Bootsschäden. Wir waren froh, dass es aufgehört hatte zu regnen als wir das Mühlenwehr am Ortseingang von Möckmühl ohne Kenterung erreichten. Kein Bootsschaden dank der rundgeschliffenen Steine im oft nur knietiefen Gewässer. Der Wasserstand schien gutes Mittelwasser gewesen zu sein.

Auf der Enz

Linker Nebenfluss des Neckars aus dem Nordschwarzwald. Auch auf diesen, als schweren Wildfluss im DKV- Führer beschriebenen Kleinfluss, wagten wir uns damals mit unseren Faltbooten. Davor konnten uns auch die folgenden Sätze in diesem Buch nicht vom Paddeln abhalten. Da war zu lesen: „Die Strecke von Enzklösterle bis Wildbad ist schweres Wildwasser und kann wegen der pausenlos auftretenden Schwierigkeiten nur von sehr guten WW-Fahrern gemeistert werden. Eine vorherige Besichtigung ist dabei unerlässlich," soweit ein Teil der Beschreibung. Als sehr gute Wildwasserfahrer konnten wir uns nicht bezeichnen, eher als Anfänger. Wir glaubten, nach einer eingehenden Besichtigung von der Straße aus, dass wir den Bach bis ans Wehr in Wildbad paddeln können und auch gut dort ankommen werden.

Es war regnerisch heute, an einem Sonntag im Mai und auch in den vergangenen Tagen war es ähnlich, wie uns ein Einheimischer bestätigte. Was bestimmt zu dem guten Wasserstand beitrug. Der Pegel am Wehr Sprollenhaus hatte 75 Zentimeter, was wahrscheinlich noch kein Hochwasser war. Der Pegel war sicher uralt, denn das Wasser kam uns eher dünn vor, wahrscheinlich durch den glasklaren Zustand.

Nach dem Schleppen der Boote von der Straße zum Bach, gelang das Einsetzen und die ersten vorsichtigen Manöver zwischen den Steinen recht gut. Das kühle Wasser des Schwarzwaldbaches trug uns schneller abwärts als uns lieb war und verlangte ganze Aufmerksamkeit. Enge Kurven, dicke Steine, überhängende Büsche und viele Äste bremsten unsere Paddelkünste. Es musste vor- und zurückgepaddelt werden damit die beste Durchfahrt möglich wurde.

Manchmal kam ein verdächtiges Krachen der Senten und Spanten aus dem Bootsinneren. Hoffentlich kein größerer Schaden, dachte ich. Öfter mal war aussteigen angesagt um den besten Weg auszumachen. Dies alles kostete viel Zeit. War aber nötig, um ohne Bootsschaden heil zur Aussetzstelle zu gelangen. Das Flüsschen zwängte sich zwischen Hochwald auf steilem Hang und einer großen Wiese talwärts. Am linken Ufer befand sich ein öffentlicher Zeltplatz. Ein kleiner schmaler Holzsteg überspannte in Kopfhöhe den hier etwa zehn Meter breiten Wasserlauf und zwang uns auszusteigen und umzutragen. Das war für einige neugierige Campinggäste eine willkommene Abwechslung an dem trüben Sonntagmorgen. Für das Betreten seines Campingplatzes wollte der Pächter von jedem eine Mark. Bekam er aber nicht, da wir auf dem Wasserweg entwischt sind. Von rechts kam ein kleiner Bach, der den Wasserstand etwas anhob was Paddelei und die Durchfahrt erleichterte. Bald stellten sich zwei steile Wehre in den Weg. Absolut unfahrbar. Wieder aussteigen und umsetzen. Dann die Kurparkstrecke, rechts Gärten und Hinterhöfe von Wildbad, links der ausgedehnte Kurpark. Flotte Strömung, die alle Aufmerksamkeit erforderte um nicht aussteigen zu müssen oder unter den Augen der Kurgäste zu kentern. Wir hatten nur Augen für Wasser und Gefällstufen mit großen und kleinen Steinen. Wider Erwarten kamen alle unbeschadet am Stadtwehr in Wildbad an. Der Ausstieg war rechts, die Boote mussten über ein Eisengeländer gehoben werden. Dann schleppten wir unsere Kajaks über die Straße, zum Schulhof, wo ein Teil unserer Autos geparkt waren. Nun mussten noch die Autos vom Einsatzpunkt am Wehr Sprollenhaus nachgeholt werden. Unsere Wildwasser Erfahrungen hatten wir verbessert. Da reiften unsere Pläne und der Wunsch eines der neu auf den Markt gekommen Polyester Kajaks anzuschaffen. Pavel Bone und Herbert Baschin versuchten sich damals als Hersteller von Booten aus Glasfaser verstärktem Kunststoff „kurz GFK". Alles nur eine Geldfrage. Und – von den „D" Märkern hatten wir damals nicht so viele!

In den Anfangsjahren des Wildwasserfahrens waren wir auf uns selbst angewiesen. Es gab kaum ein Lehrbuch oder andere Informationsquellen. Wir mussten alles selbst lernen. Auch die Flussbeschreibungen waren recht dürftig und viele Bäche und Wasserläufe kaum befahren. Es hieß für uns bei Befahrungen oft aussteigen und erkunden. Erste Lehrbücher kamen nach 1970 auf den Markt. Ich erinnere mich an „Grundlagen des Kanusports" von Jürgen Bauer, Henning Hahn und Peter Holz aus der CD-Verlagsgesellschaft Stuttgart. Daraus konnten wir viel lernen und dann in Fahrpraxis umsetzen.

Vorbilder waren zu der Zeit Heinz Haas, Manfred Vogt, Theo Bock, Toni Prijon, Franz von Alber, Herbert Rittlinger und Andere.

In einem Schwall des Verdon

Große Pläne ... Verdon und Tarn

Verdon

Wildwasser mit Klepper-Faltboot-Einern

Vier Klepper-Faltbooteiner, zwei Volkswagen mit selbst angefertigten Dachträgern für die Boote und vier Paddler, zwei Frauen und zwei Männer. Alle vier mit wenig Wildwasser Erfahrungen. Wir hatten von Franz von Alber, Herbert Rittlinger und Walter Frenz über deren Wildwasserfahrten mit Faltbooten gelesen und wollten dies nun auch versuchen. Unsere Ausrüstung war mindestens genauso gut oder besser als deren Vorkriegsmaterial, dachten wir. Also auf nach Südfrankreich. Über die wenigen Autobahnen und viele Kilometer auf Landstraßen erreichten wir Castellanè unterhalb des damals letzten Staudammes am Verdon. Es war im Juni und noch relativ ruhig auf dem Campingplatz am rechten Ufer des blaugrünen schnell fließenden Alpenflusses. Spärlicher Wasserstand am Abend dieses warmen Hochsommertages. „Das soll für Faltboote paddelbar sein?" sagte Karl und meinte das ernst. „Morgen bauen wir erst mal die Boote auf" sagte ich. Gesagt getan und am nächsten Morgen stellten wir erstaunt fest, dass der Wasserspiegel fast einen halben Meter höher war als am Vortag. Ein deutscher Campingnachbar sagte uns, das wäre jeden morgen so, wenn im Kraftwerk, zwei Kilometer weiter oben, die Turbinen liefen. So beschlossen wir am folgenden Tag, sehr zeitig, ein Auto zum Endpunkt am „Pont de Soleils" abzustellen. Bis etwa am frühen Nachmittag sollte der Turbinenschwall anhalten. Von paddlerischen Schwierigkeiten war uns wenig bekannt. Lediglich die „Große Verdon-Schlucht" vom „Großen Lulli", so wird der Eingangsschwall genannt. Die tief ins Jahrtausende alte Gestein eingeschnittene Wasserader mit den Gefällstufen und Felswänden war nur Bergwanderern bekannt . Bis zum Schluchtende nach etwa 30 Kilometern wussten wir vom Syphon, von der

Styx und dem Samson als die schwierigsten Schwälle. Mehr war uns damals nicht bekannt. Die Berge ringsum sind bis zu 1500 m hoch. Die Schluchten vom Rand bis zum Wasserlauf oft mehr als 400 m tief. Steil und teilweise unwegsam. Es führen jedoch einige Pfade (sentiers) von den umliegenden Straßen durch und in die Schlucht.

Gegen neun Uhr saßen wir alle vier in den Booten. Vertrauen wir dem damaligen „Auslandführer", ein mit der Schreibmaschine geschriebenes blaues Buch, so ist dieser ungefähr fünfzig Meter breite kalte und schnelle Bergfluss mit dem Schwierigkeitsgrad vier zu bewerten. Kaum saßen wir in den Kajaks, in Badesachen, Paddeljacken und die Frauen mit einfachen Schwimmwesten, da rauschte und spritzte es in einiger Entfernung. Ich blieb mit den Frauen zurück. Karl paddelte zügig voraus und verschwand hinter großen Felsblöcken. Ich schickte nun Kuni den gleichen Weg den Karl genommen hatte hinterher, in deren Kielwasser folgte Hilde und entschwand. Ich flugs hintennach und war gleich hinter der Gefällstufe im Kehrwasser bei den anderen. „Alles gut gegangen," bemerkte ich. „Weiter so und immer senkrecht bleiben," hörte ich Karl trotz der Wassergeräusche sagen. So paddelten wir, mit Rückwärts- und Konterschlägen, über viele kleinere und größere Stufen und Kiesbank-Schwälle vorsichtig auf dem eiskalten Wasser, in der glühenden Sonne unserem Tagesziel entgegen.

Einige male mussten wir aussteigen um uns die Durchfahrten anzusehen. Der Wasserstand war gut und wir fanden den rechten Weg für die empfindlichen Gummihäute. Kehrwasser ansteuern war kaum möglich. An einer etwas kniffelig zu bewältigten Felsbarriere fuhr Karl zuerst. In 450 mal 65 Zentimeter Booten eigentlich kaum zu schaffen und dann paddelte er auch noch beide Frauenboote hinunter. Beide, Hilde und Kuni, machten den Weg im steinigen Uferbereich mit dem Paddel in der Hand in Richtung Karl um wieder einzusteigen. Nach mehr als vier Stunden erreichten wir die alte Bogenbrücke am Pont de Soleis. Das war die letzte Möglichkeit vor dem Eingangsschwall dem „Großen Lulli" (bis heute ist uns nicht bekannt wo der Namen dieser Stufe herkommt) und vor Beginn der Schlucht auszusteigen. Karls hellgrüner VW stand in der prallen Sonne und war gut aufgeheizt als er die Türen öffnete. Kunstgerecht luden wir die vier Einerboote auf den Dachträger und fuhren langsam auf der kurvenreichen Straße, fast immer am Fluss entlang, in Richtung Zeltplatz. Der Wasserstand wurde immer spärlicher, da das Kraftwerk die Turbinen offenbar wieder gedrosselt hatte und nun keinen Spitzenstrom mehr erzeugte.

Am nächsten Tag, wieder ein Sonnentag, hieß es Boote aufladen und wir fuhren mit unseren VW Käfern weiter. Flussabwärts auf dem rechten Ufer des Verdon bis zum gestrigen Aussetzpunkt dem „Pont de Soleis". Alsdann wand sich die Straße in vielen steilen Kurven hoch hinauf auf das Plateau über der Verdon Schlucht. Selten gewährten uns seitliche Parkbuchten Einblicke in die gewaltige Schlucht. Tief unten schäumte und rauschte das hellgrüne Wasser über große urzeitliche Steine. Aus Beschreibungen kannten wir Namen wie: „Passarelle, Syphon und Styx" um nur einige zu nennen. „Alles zu schwierig für uns Anfänger ohne Wildwasser Ausrüstung," sagte Karl als wir wieder mal am Schluchtrand standen und in mehr als vierhundert Meter Tiefe das Bachrauschen vernahmen.

Nach einem weiteren Kilometer auf der engen, kurvenreichen Bergstraße war uns eine große Schafherde im Weg. Es half nichts und es gab kein Weiterkommen. Hunderte Schafe, mehrere Hunde und einige Schäfer trieben die blökenden Wollknäule zur nächsten Weide, was uns fast eine Stunde aufhielt. So erreichten wir erst am späten Nachmittag über die Orte La Palud, Mayrestre und die Brücke von Galetas den Schluchtausgang in 480 Meter Meereshöhe. Von der Brücke ein toller Blick in die große Verdonschlucht und auf die mehr als fünfzehnhundert Meter hohen Berge der Alpes de Provence. .

Die Weiterfahrt brachte uns auf dem linken Ufer und engen Nebenstraßen nach Quinson. Wo die D 71 eine Kurve nach Süden machte, war eine riesige Baustelle. Hier war eine Staumauer mit

Kraftwerk im Bau,um den Verdon auf mehr als fünfzehn Kilometer aufzustauen. Nun reicht die Stauwurzel bis weit in den „Grand Canyon du Verdon" hinein und bildet heute einen riesigen Stausee. Am Ufer, kurz vor Quinson, unweit eines alten, aber noch in Betrieb befindlichen, Bewässerungswehres fand sich eine Wiese. Die war schon von einigen Bootfahrern aus dem Ruhrgebiet belegt. Wir fanden noch Platz um unsere beiden Zelte aufzustellen. Was dann dem Bauern noch einige Francs einbrachte. Hinter uns rauschte ein Bewässerungsgraben. Vor uns das etwa zwei Meter hohe Steil- Wehr.

Von hier aus wollten wir am nächsten Morgen ein Auto nach Gréoux –les-Bains, einem Badeort, abstellen. Das war dann so gegen zehn Uhr geschafft. Die Flussstrecke gerade mal 28 Kilometer ohne Wehr, auf der Straße aber über 40 Km. Bei herrlichem Sonnenschein und Mittelmeer ähnlicher Temperatur machten wir uns zu viert auf die uns unbekannte Strecke. Die Schwierigkeit laut Flussführer etwa drei bis vier. Unsere beiden Frauen hatten über ihren Bikinis, einfache Kinderschwimmwesten, würden wir heute sagen, angelegt. Unsere Klepper T9 Faltbooteiner waren mit WW-Spritzdecken und kleinen Gummi-Auftriebskörpern vorn und hinten, etwa so groß wie ein Fußball, ausgerüstet.

So paddelten wir los. Auf anfänglich ruhigem Wasser, das nur vom Baulärm der Laster an beiden Ufern übertönt wurde. Auch hier war der Stau von Grèoux im Bau. Bald war es mit dem beschaulichen dahingleiten auf dem schnellen Gewässer vorbei. Nach jeder ruhigen Phase kam eine mehr oder minder hohe, teilweise auch verblockte Stelle, wo die Fahrstrecke nicht so klar zu erkennen war. Karl paddelte voraus und versuchte so gut er konnte in ein Kehrwasser einzuschwingen um die Frauen einzuweisen. Dies gelang ihm sehr gut, doch einmal verpasste Kunigunde die richtige Stromzunge, kenterte und schwamm neben ihrem Boot. Karl und ich bugsierten sie mit dem Kiel nach oben treibenden Boot ans nächst erreichbare Ufer. Hier gelang es uns, bis zum Bauch im Wasser stehend, die Paddlerin Kunigunde zu bergen und ihr

Boot auszulehren. Was nur mit äußerster Anstrengung gelang, da das Boot nur langsam gedreht werden konnte, damit das Wasser auslaufen konnte. Wir nutzten dies gleich zu einer Pause um uns aufzuwärmen und zu trocknen Nach der Michelin-Karte, die ich in meinem wasserdichten Fotobeutel hatte, befanden wir uns schon auf halber Strecke obwohl wir erst eine gute Stunde unterwegs waren. Nach ausgiebiger Pause und ohne Baulärm, die Arbeiter machten lange Mittag wie in Frankreich üblich. Wir schwangen uns voller Übermut erneut in die Boote. Wie gehabt ging es weiter von Schwall zu Durststrecke, wie wir die etwas ruhigeren Abschnitte nannten, diese wechselten sich mal in kürzerer oder schnellerer Folge ab. Zum baden oder schwimmen hatten wir wenig Lust beim Anblick der immer wuchtiger werdenden Baustellen für den Stau. Das Wasser war dadurch auch recht trüb und schlammig.

Nach anderthalb Stunden mehr oder weniger anstrengender Paddelarbeit unter der sengenden, südlichen Sonne sahen wir unter der Brücke der D8, Karls Auto. Endpunkt für heute und hoch bepackte Rückfahrt über die kurvenreiche Bergstraße zu den Zelten die auf der schattenlosen Wiese des Bauern standen. Der Abend wurde beschlossen mit Vin Rouge dazu Schafskäse, Tomaten und Baguette. Das war ein schöner Abschluss des heißen Paddeltages. Weiter ging unser Paddelurlaub auf dem Tarn.

Elmar Engel schreibt:

Lirum, larum Löffelstiel –
rechte Paddler essen viel
essen Pudding, Käs' und Speck,
werden davon nicht mal dick
paddeln – das ist unser Tipp!

Aus seinem Buch von 1971 „Kanu Kajak Faltboot"

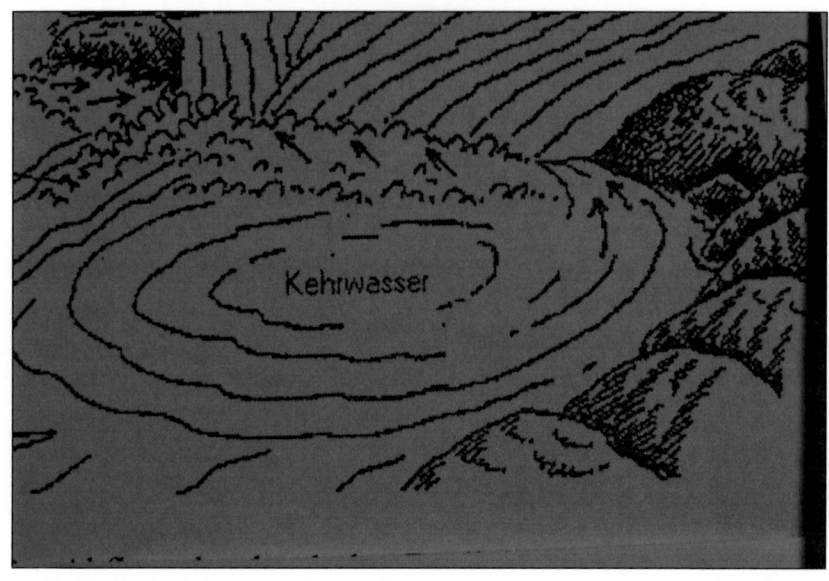

Kehrwasser

Angst

Jeder kennt das Gefühl der Angst. Wer paddelt und auf Wildwasser unterwegs ist, oder sein will, der muss Angst verspüren bevor er in sein Kajak steigt. Angst steigert die Aufmerksamkeit. Das ist wichtig um vorausschauend zu paddeln. Wer keine Angst kennt der ist nicht aufmerksam und wird auch oft leichtsinnig was schlimme Folgen haben kann. Bootsverlust oder verlorene Ausrüstung ist noch das kleinere Übel. Viel wichtiger ist die körperliche Unversehrtheit. Den Kenterwein sollten vorsichtige und nicht so ganz „sattelfeste", wie man so schön sagt Paddler vor Fahrtbeginn bezahlen das verschafft Sicherheit um möglichst nicht in den Bach zu fallen. Am Ende der Tour ist dann wenigstens das Geld gerettet. Es kann auch schlimmer kommen. Jeder der ins Kajak steigt sollte sich vor der Tour genau, soweit möglich, über den zu befahrenden Flussabschnitt informieren. Richtig Wildwasserfahren ist nicht so einfach wie es sich hier liest. Flüsse verändern sich ständig, je nach Wasserstand und Jahreszeit. So kann der Bach morgens noch harmlos sein. Mittags und bei Schmelzwasser Zufluss wird er sich wie wild gebärden. Dies kann mitunter sehr gefährlich werden. Wenn abends am Lagerfeuer erzählt wurde waren die Wellen höher und die Schwälle länger als in der Wirklichkeit. Das ist „Paddler-Latein" ähnlich wie bei den Anglern wo der Fisch meist doppelt so groß ist wie in der Wirklichkeit. Sind alle ohne ernste Vorkommnisse durch den Paddeltag gekommen dann schmeckt auch der „Wein" besonders gut.

Tarn – „ein unbekanntes Wildwasser"

mit Faltboot

Der folgende Tag beschäftigte uns mit Bootsabbau und verpacken der übrigen Ausrüstung. Gegen Mittag dann die Weiterfahrt in Richtung Tarn. Die Straße führte uns die Durance entlang. Gut sichtbar deren Wassermangel, bedingt durch viele kleine Bewässerungswehre aus Sandsackreihen, die eine Paddeltour im Hochsommer nicht zuließen. Durch das breite Tal auf Nebenstraßen, gesäumt von Olivenhainen, weiten Sonnenblumenfeldern, goldgelbem Weizen und ab und zu das violettblau des Lavendel in der mittäglichen Sonnenglut, erreichten wir bald Avignon. Über Pont du Gard, Arles und über eine nur aus Kurven zusammengesetzten Nationalstraße, die N 106, ging es westwärts.

Beiderseits Pinien und Kastanienwälder, karge Viehweiden und undurchdringliches Buschwerk, vereinzelt kleine, wie verlassen wirkende alte Bauerndörfer. Manche mit einem weithin sichtbaren Kirchturm. Einige Steigungen konnte mein VW Käfer nur im zweiten Gang bewältigen. Der Col de Jalcreste mit 833 Meter Passhöhe war erreicht. „Noch knapp 20 Kilometer bis nach Florac, das 545 Meter über Normalnull liegt", sagte meine Beifahrerin. Dort angekommen galt es eine Zeltmöglichkeit zu erkunden. Unmittelbar an der Straße sollte ein Sportplatz sein. Genau an der Einmündung des Tarnon in den Tarn, sahen wir das Schild „Camping Municipal". Das bedeutete immer allgemeiner Zeltplatz mit primitivem Klohäuschen und Wasserzapfstelle. Während Karl und ich die beiden Zelte aufstellten gingen Hilde und Kuni ins nahe Örtchen um uns noch mit Vin rouge und Baguette zu versorgen. Heute nur Aufbau von zwei Booten, denn nach Besichtigung von einigen hundert Metern des Tarn, nach Einmündung des Tarnon, beschlossen beide Frauen lieber mit den Autos bis Ste. Enimie neben uns Paddelbegeisterten her zu kutschieren. Sehr zeitig saßen wir in den Booten, in der Hoffnung unbeschadet den uns völlig unbekannten Fluss hinunterzumogeln. Immerhin rund fünfundsiebzig Meter Gefälle erwarteten uns auf der nur wenige Kilometer langen Flussstrecke. Damals war die Schwierigkeit mit der Stufe vier bis fünf angegeben. Viele enge Kurven, unübersichtliche, mehr oder minder verblockte Gefällstufen erforderten unser ganzes recht bescheidenes fahrerisches Können. Hin und wieder krachte es im Gestänge der Boote bedenklich und die Haut bekam auch einige Kratzer weg. Für die uns umgebende Landschaft des Zentralmassivs mit über Tausend Meter hohen Bergen hatten wir fast keinen Blick übrig. Gegen Mittag erwarteten uns in der Nähe von Quèzac, das nur aus drei Häusern bestand, die Frauen. Fast wären wir vorbeigepaddelt, denn aus der Bootsperspektive waren die Autos nicht auszumachen. Pause in der glühenden Mittagssonne Südfrankreichs. Bei dieser Gelegenheit stellte ich fest, dass ein Längsstab gebrochen war. Glücklicherweise hatte ich eine etwa zehn Zentimeter lange Messinghülse im Boots-Bordwerkzeug dabei. „An was man da alles denken muss", bemerkte Karl. „Kannst du das gleich reparieren?" fragte Kuni neugierig. „Das ist meine leichteste Übung," sagte ich, obwohl ich mir nicht ganz sicher war.

Nach fast zweistündiger Pause im Schatten unter alten Obst – und Olivenbäumen trennten sich unsere Wege. Wir, Karl und ich, setzten die Paddelei auf dem Wasserweg fort. Die Frauen, mit den beiden Autos, entschwanden unseren Blicken über die glühend heiße, kurvenreiche und enge Talstraße flussabwärts.

Wir rührten mit unseren Holzpaddeln weiter zwischen großen und kleinen Steinen herum und hangelten uns so von Stufe zu Stufe. Zwei alte Mühlenwehre erschwerten uns noch die Weiterfahrt. Beim ersten Wehr stieg Karl aus um es zu besichtigen, und paddelte elegant hinunter und ich hinterher, auch ohne Schwierigkeiten. Das nach einigen Kilometern folgende Wehr war nicht befahrbar. Wir hatten es schnell umtragen. Der Wasserlauf wurde zusehends ruhiger, breiter und war nicht mehr so mit Steinen gespickt. Die Bootshäute wurden geschont. Das nächste Wehr war bald in Sicht. Von der Wehrkrone aus war Ste. Enimie auf dem rechten Ufer zu erkennen. Nach dem etwa einen Meter hohen Wehr war in der Flussmitte eine Kiesbank. Auf dieser saß ein ältere Mann und angelte. Er hatte seinen Hut zum Schutz vor der sengenden Sonne tief ins Gesicht gezogen. Dazu hatte er einen dicken, langen Wintermantel an, denn was für die Kälte gut ist hilft auch gegen die Hitze.

Nach der Kiesbank überspannt eine alte Steinbogenbrücke den Tarn und es ist unsere Ausstiegs-Stelle, wo wir von den Frauen erwartet wurden. „Wo bleibt ihr denn?" fragten sie im Chor. „Ihr habt aber lang' gebraucht," sagte Hilde. „Wir haben etwas gebummelt, weil die letzten Kilometer nicht mehr anstrengend waren," gab ich zurück.

Am linken Ufer zwischen Mühle und Brücke standen beide Autos. Hilde und Kuni hatten bereits mit ihren bescheidenen, französisch Sprachkenntnissen eine Zeltmöglichkeit gefunden. Das war nahe der Mühlengebäude und mit Einverständnis der Besitzer. Nach der Nacht am rauschenden Wehr wurden die anderen Klepper-Faltboote aufgebaut. Der Blick in die Flusskarte des Französischen Kanuverbandes (1962 erstellt) bezeichnete den Tarn von Florac bis Millau als schwer. Im damals erhältlichen deutschen Flussführer gab es nur ungefähre Kilometer Angaben. In der Beschreibung war nur über eine unfahrbare Stelle, der „Pas de Souci" zu erfahren.1500 m musste auf der Straße umgekarrt werden. . So entschlossen wir uns ein Auto unweit dieser Stelle zu parken. Am Gasthaus „du dèbracadèr" war eine gute Möglichkeit dazu und auch eine Wiese zum Zelten.

Am anderen Tag gings los,ganz früh abbauen, Auto verstellen, dann aufs unbekannte Wildwasser. Es erwies sich als leichtes Wildwasser. Alle vier hatten kaum Schwierigkeiten und am späten Nachmittag landeten wir die Klepper- Einer an der Gasthauswiese an. Die Frauen bauten das Lager auf. Karl und ich zogen das andere Auto nach. Die weitere Paddelstrecke war laut Flussführer etwas schwieriger, machte uns jedoch trotz unserer dürftigen

Wildflusserfahrungen keine besondere Mühe. Aber der feste Entschluss wurde in diesem Urlaub gefasst, dass demnächst Gfk-Boote (Glasfaser verstärkter Kunststoff) angeschafft würden, da diese auf Wildwasser robuster sind als die empfindlichen Gummihäute unserer Faltboote.

Die Werbung von Pavel Bone und Herbert Baschin

Selbstbau von Kunststoffbooten?

Ja oder nein zum Selbstbau das war hier die Frage von uns. Die Gegebenheiten dazu waren einige Arbeitsmittel die dazu benötigt wurden. Das fing mit Pinseln, Raspeln, Scheren an. Aber das war nicht alles. Behälter, eine Waage und einen fast sechs mal ein Meter großen Zuschneidetisch benötigte man dazu. Alles war neu anzuschaffen und kostete eine Menge Geld. Ein wichtiges Teil, das Wichtigste überhaupt war eine Bootsform. Keiner von uns hatte Erfahrung mit der Harz und Glasfaser Verarbeitung also musste dieses Vorhaben aufgegeben werden.

An einem Samstag Morgen beschlossen wir, Karl, Martin und ich, nach Ludwigsburg zu Pavel Bone zu fahren. Dessen Werkstatt befand sich mitten in der Stadt am Reithausplatz. Schnell hatten wir das Gebäude gefunden. Wir brauchte nur dem Geruch von Harz, Härter und Aceton zu folgen. Dann standen wir in der Schreinerwerkstatt wo Pavel die von uns so begehrten Kajaks herstellte. Hier roch es intensiv nach Chemie. Ähnlich wie in Ludwigshafen bei der Badischen Anilin und Soda Fabrik. Wir hatten schnell einen Eindruck über die nicht ganz angenehmen Seiten der neuen Technik. Wir erkannten sofort, dass wir lieber noch etwas sparen mussten um uns so ein Boot aus Glasfaser und Harz anzuschaffen. Das war im Herbst und die Lieferzeit, wenn wir gleich bestellen würden, war im darauf folgenden Frühjahr. Nach kurzer Bedenkzeit und Beratung entschlossen wir uns gleich drei Kajaks zu bestellen. Es wurden dann aber doch vier. Martin orderte einen 4 m 5o Combi Einer. Karl holte sich zwei Jet 400, einen für sich und einen für seine Hilde. Ich wollte einen roten Combi 430 mit silberner Nahtverklebung, was irgendwie elegant aussah.

Im Winterhalbjahr hatten wir Zeit uns mit den neuen Materialien zu befassen. Es war alles nicht so einfach wie anfänglich von uns erwartet. Für einen Einer benötigte man 18 Kilo Harz L 402, 4 Kilo Harz L 700, 12 m Standardglasmatte 120 cm breit, Rovinggewebe 7 m und noch Trennwachs, Beschleuniger, Katalysator, Aceton und einiges mehr. Nicht zu vergessen viele Pinsel in verschiedenen Größen und Eimer um die Mischungen anzusetzen. Für die Verarbeitung von Polyester – Harzen gibt es viele Regeln bei und nach der Bearbeitung solcher Chemischen Stoffe. Zum Bau der GFK Boote fehlten und die Möglichkeiten und die Erfahrung. Diese waren einfach nicht gegeben. Unter all diesen Voraussetzungen war uns klar, dass wir mit dem Bootskauf damals die richtige Entscheidung getroffen hatten.

Bootstransport

Da Kunststoff – Boote nur aufgebaut transportiert werden konnten waren geeignete Dachträger erforderlich. Die gab es damals noch nicht zu kaufen. Anfangs haben wir diese aus Stahlrohr selbst zusammen geschweißt, sie wurden mit entsprechenden Stützfüßen in die Regenrinne .gestellt und mit einer Klemmvorrichtung befestigt. Auf den selbstgebauten Dachträgern aus Eisenrohren mussten die Boote so befestigt werden damit nichts passieren konnte. Die nicht zerlegbaren Kajaks mussten wir mit Rollladen – Gurten gut fest machen. Unsere Gurte wurden mittels zwei Stahlringen, die in einer Schlaufe eingenäht waren, fest gezurrt. Zum einnähen der Ringe brauchten wir kräftiges Garn und Sattlerwerkzeug. Dieses hatten wir von meinem Opa, der war Sattler in der Treibriemen Fabrik Brand in Heidelberg, bekommen. Wir kamen bald darauf, das es besser war, die Boote noch vorn und hinten mit Bootsleine abzusichern. Überlänge hinten bis ein Meter ohne Kennzeichnung war erlaubt. Bis ein Meter fünfzig musste mit einer 20 mal 20 Zentimeter Tafel oder Fahne gekennzeichnet werden. Ab 150 Zentimeter war eine Ausnahme – Genehmigung des Ordnungsamtes erforderlich und gebührenpflichtig !! Als Bootsleine wurde damals Ende der sechziger Jahre eine bessere Wäscheleine genommen. Geld für teueres Bergseil hatten wir damals nicht. Nach der Straßenverkehrsordnung musste die Ladung schon immer gut befestigt und gegen herabfallen gesichert sein. Verantwortlich ist der jeweilige Fahrzeuglenker damals wie heute. So ausgerüstet waren viele leichte oder schwierige Wildbäche gut zu erreichen.

Bootstransport mit dem VW Bulli

Paddeln auf Bayrischen „Wild"Bächen

Die im Winterhalbjahr bestellten Boote bei Pavel Bonè und Herbert Baschin in Ludwigsburg, Reithausplatz waren abholbereit. Böse Zungen bezeichneten sie als „Plastikschüsseln". Ein Vereinsvorstand empfahl uns aus dem Verein auszutreten als Plastikbootfahrer. Wir würden nicht mehr dazu passen, meinte er allen Ernstes. Wir dachten nicht daran. Der Trend zum Gfk- Boot war auch nicht aufzuhalten. Erste Paddelversuche auf leichtem WW (Wild-Wasser) fanden dies bestätigt. Auf den Schwarzwald- Bächen Enz und Nagold, im Hunsrück Simmerbach und Hahnenbach, bis zum Schwierigkeitsgrad III / IV sammelten wir weitere Erfahrungen. Karl und Eddi waren unermüdlich im Anfahren von Kehrwassern hinter Felsen, Steinen und an Wehren. Wir alle wurden immer sicherer im Boot, aber nicht unbedingt kentersicher.

Bald wagten wir uns auf Bayrische Wildbäche, die damals als schwer galten.

Bayrische Faltbootfahrer waren noch auf Ammer, Lech und Loisach unterwegs, sie konnten jedoch meist viel besser paddeln wie wir Flachländer. Diese Wildflüsse machten uns un- oder wenig Geübten schon Probleme. Boots- Schäden am Gfk blieben nicht aus. Am Heck und unter der Sitzschale entstanden Risse und Brüche. Das damaliges Material war noch nicht so elastisch wie gewünscht. Polyesterharz, Härter, Glasfasermatten, Raspel und andere Werkzeuge gehörten zur Ausrüstung bei Wildwasser-Paddlern. Auf manchen Plätzen zog abends Polyester und Azeton Geruch anstelle von Würstchenduft um die Zelte. Wutach, Ain, Enz und obere Isar hatten bunte Steine, weil Bootsfarbe daran hängen blieb und die Boote trugen Risse und Schrammen davon.

Paddeln ... auch eine Kostenfrage?

Was kostete der Spaß damals? Boote, je nach Hersteller und davon gab nur ganz wenige, ab 500 Mark, Spritzdecke 40 bis 70 Mark, Auftriebskörper noch unbekannt. Es mussten Gummi- oder Plastikbälle von Nivea (war beliebt und preiswert) oder ähnliches zur Wasserverdrängung in Vor- und Hinterschiff herhalten. Ein Boot ohne diese Hilfen war bei einer Kenterung meist verloren oder war ein Totalschaden. Schwimmwesten für Paddler auch Fehlanzeige, die gab's nur für Segler mit Kragen und teuer, ab 100 Mark. Tauchanzüge nur von entsprechenden Anbietern (Firma Tauchtechnik Eckernförde) zu Preisen von 800 DM und mehr. Die mittleren Monatslöhne lagen bei 600 bis 900 DMchen. So mussten man immer noch Ersatz-Klamotten in wasserdichter Verpackung mitführen. Paddler konnten sich auf jeder Tour nur eine Kenterung erlauben. Besonders unangenehm bei Regen, nasskaltem Wetter im Frühjahr oder Herbst.

Unsere damalige Ausrüstung war in diesen Anfangsjahren unseres Paddelns auf leichtem Wildwasser eher dürftig. Wie schon anfangs gesagt eine Kostenfrage. Es waren Paddler mit uns unterwegs, die hatten selbst gemachte Neoprenhosen an. Die waren weder passgerecht noch genäht. Eddi hatte sich einfach aus Geldmangel so ein Teil selbst zusammengeklebt. Es passte schlecht und recht und musste mit einem Gürtel um den Bauch richtig festgemacht werden um es nicht zu verlieren. Ein richtiger Kälteschutz war das nicht, aber besser als nichts. Als Rettungsleine diente uns eine einige Meter lange etwas dickere Kordel.Die Wurfsäcke Schnur, war an einem Ende mit einer Schlaufe, am anderen mit einem roten oder gelben Tennisring versehen, der dem gekenterten Paddler zugeworfen wurde um ihn damit an Land zu ziehen. Die Rettungswurfsäcke, wie heute gebräuchlich, kannten wir damals noch nicht. Es musste noch vieles improvisiert werden. Mit der Zeit und nach vielen Kenterungen haben wir gut und sicher paddeln gelernt. Die guten geteilten Schäfer Holzpaddel wurden oft an Steinen entlang geschrammt und mussten einige ihrer Holzfasern lassen.

Angst hatten wir damals auch schon. Angst ist natürlich und eine Reaktion auf Furcht vor Verletzung oder Schaden. Hatten wir das Gefühl eine Stelle nicht kontrolliert befahren zu können, überlegten wir uns genau was am besten wäre. Meistens war das eigene Können der Situation nicht gewachsen. Dann trugen wir die Stelle lieber um. Das war wichtig, wenn uns der Fluss unbekannt war. Besser umtragen als zu kentern und noch einen ausgeben zu müssen. Die Zeit für's Anschauen einer Walze ist direkt proportional zur Zeit, im der man darin aufgemischt wurde und dann doch aussteigen (kenterte) musste. Manchmal benötigten wir die Hilfe der Mitpaddler um heil an Land zu kommen und Paddel, Boot und Ausrüstung zu bergen. Wenn dann noch etwas verloren ging, wurde die Kostenfrage wieder relevant.

„Die alten Rittersleut"
Eddi sang dann immer das Lied von den alten Rittersleut'. Heute klingt es mir noch in den Ohren. „Ja so waren's die alten Rittersleut". Auch dann, als wir sein Kajak in nasskaltem Wetter, abends in Saulgrub am Naturfreundhaus, reparieren mussten. Zum Aushärten des Polyesters wurde es über den großen Grill gelegt. „Ja so waren's die alten Paddlersleut", sagte Karl am nächsten Tag beim halben Bier in der Gartenwirtschaft in Saulgrub. „Das zischt", hörten wir von Eddi. Er hatte immer noch den Eindruck nach Polyester zu riechen.

Wie der Vogel des Waldes über die Gipfel fliegt,
schwingt sich über den Strom, wo er vorbei dir glänzt
leicht und kräftig die Brücke
die von Wagen und Menschen glänzt.

Friedrich Hölderlin (nicht von mir!!!)

Flussab und Flussauf im Kehrwasser

Obervellach im Mölltal

Internationale Wildwasserwoche in Kärnten

Es war 1966 auf der Internationalen Wildwasserwoche in Obervellach als die Naturfreunde auf fünf Flüssen und zum Abschluss ein „Er und Sie Rennen" auf der Möll angeboten hatten. In den damaligen Teilnahmebedingungen war zu lesen, dass die Boote mit Luftkissen bzw. mit Schwimmkissen unsinkbar zu machen sind, und bitte, die Teilnehmer sollten über Schwimmwesten verfügen. Unser nächstes Urlaubsziel mit richtigem Wildwasser, war diese „Internationale Wildwasserwoche" der österreichischen Naturfreunde, die jährlich in der ersten Woche im August stattfand. Standort war der Zeltplatz auf dem rechten Ufer der Möll beim Schrothkurort Obervellach in Kärnten. Vom Angebot der Naturfreunde versprachen wir uns eine Verbesserung unserer Wildwasser Fahrkünste. Es waren viele Flüsse mit verschiedenen Schwierigkeiten angeboten. In diesen zwei Wochen, davon eine Woche Führungsfahrten, bin ich 295 Km auf mehr oder weniger schweren WW gepaddelt, ohne Kenterung. Als Kälteschutz besaß ich nur eine einfache italienische Gummihose der Marke Sicca, die oben richtig fest um den Bauch sein musste um sie bei einer Kenterung nicht zu verlieren. Kenterungen in den kalten Gebirgsbächen waren nicht unproblematisch. Der Paddler musste schnell an Land kommen wegen der Auskühlung. Auf den Fahrten mit einem Übungsleiter der Naturfreunde wurde viel erklärt, geübt und versucht um dadurch unsere Paddelkünste auf dem Wildwasser zu verbessern. Von leicht bis mittelschwer war alles angeboten und bei einer Gruppengröße von sechs bis maximal acht Personen pro Übungsleiter alles gut überschaubar. Es gab keinen einzigen Unfall. Viele Kenterungen und manche Bootsschäden blieben nicht aus bei den über 200 Teilnehmern.

Obervellach liegt an der Bahnlinie Salzburg – Graz und mancher reiste mit der Österreichischen Bundes Bahn an. Der Weg vom etwa 60 Meter über dem Tal liegenden Bahnhof wurde durch eine Kabinen Seilbahn überbrückt. Da hing auch mal ein Kunststoff Kajak unten dran. Helmut Kiegerl, daran erinnere ich mich, kam auf diese Art in Obervellach an. So waren einige mit Faltbooten anzutreffen meist Klepper und Gesa oder ähnliche.

Das Wasser ist verschwunden

Schwälle und Gefällstufen der Möll haben abenteuerliche Namen wie der „Sagritzer Rain", die „Waldschlucht", „Moser-Wellen", „Kolbnitzer-Loch" und auch „Rohrbrückenschwall". Auch der „Malta-Katarakt" und die „Seebodenstufe" der Lieser wurden von uns manchmal mit einer Kenterung schwimmend bezwungen. Die Kenterrolle beherrschten damals nur wenige Kajakfahrer. Wir waren nur froh heil durch zu paddeln. Vorsicht war angebracht um Bootsschäden möglichst zu vermeiden.

Die Wildwasser Woche der Österreichischen Naturfreude fand heuer (1965) zum dritten mal in Obervellach statt. Anderl Leupoldt, Leo Frühwirt, Adi Kainz, Helmut Kiegerl und andere machten in den Nachkriegsjahren diese Veranstaltung zum internationalen Erfolg. Aus damaliger Sicht, des Präsidenten des Österreichischen Paddelsport Verbandes (ÖPV) wurde Österreich in dieser Zeit zur führenden Nation im Wildwassersport. Jeder Teilnehmer bekam einen „Kurzgefassten Leitfaden Wasserwandern und Wildwasserfahren"des ÖPV. Mit Ausführungen über die objektiven und subjektiven Gefahren des Wildwassersports und zum guten Schluss:

„Ernährungstipps"
Dem Sportausübenden wird eine eiweisreiche und kohlehydratreiche Ernährung mit leicht verdaulichen Fetten empfohlen.
Vermeide jedes Übermaß. Zeitliche Regelung der Mahlzeiten. Beratung durch den Verbandssportarzt. Meide Alkohol und Nikotin.

Ratschläge, 48 Seiten im Postkartenformat, die weder von uns noch von den Österreichischen Paddlern genau befolgt wurden. Ich denke dabei an Paddelkumpels die immer eine Flasche „Stroh" Rum dabei hatten.

Warntafel in Kärnten

Programm der Naturfreunde im Jahr 1966

Die Möll	Pushball-Winklern	15 km WW – III bis IV
	Winklern-Obervellach	26 km WW – II bis III
	Obervellach-Mühldorf	15 km WW – II bis III
Obere Drau	Abfaltbach-Thal	10 km WW – III bis IV
Isel	Kalserbach-Lienz	21 km WW – II bis IV
Lieser	Gmünd-Spittal	12 km WW – IV bis V
Mur	Tamsweg-Murau	33 km WW – III bis IV
Gail	Untertaille-Kötschach	27 km WW – III bis IV

Die erste Paddeltour, mit Ausbilder Helmut (der mit der Trompete), fand auf der Möll statt. Die fünfzehn Flusskilometer vom Obervellacher Zeltplatz bis Mühldorf war mittelschweres Wildwasser mit vielen Kehrwassern und Übungsmöglichkeiten für uns Anfänger, unter sachkundiger Führung und Anleitung von Helmut. Der gab sich reichlich Mühe mit uns und unseren geringen Erfahrungen auf Wildwasser. Kalt war das, oft wild schäumende Wasser des stark strömenden „Baches" .Die erste markante Stelle der „Mooserschwall", so genannt weil er am Mooser Hof vorbeifloss und je nach Wasserstand seine Schwierigkeiten hatte. Das Üben zum befahren von Wildflüssen beschränkte sich auf Kehrwasser, paddeln und Seilfähre vorwärts und rückwärts. Viel mehr konnten wir nicht und mussten erst mühsam Erfahrungen sammeln. Durch die ersten zwei Kenterrungen war kein Kenterwein fällig, es war beschlossene Sache, dass es bei Führungs- und Übungsfahrten keinen Kenterwein gab. Auch beim Kentern konnte der Paddler etwas lernen, aussteigen unter Wasser um ohne Boots- und Paddelverlust an Land zu kommen. Nicht sofort, aber mit einer kleinen Schwimmeinlage. Wir ahnten, dass es noch weitere Kenterungen geben würde. Die schwersten Stellen der Anfängerstrecke kamen noch. Erst ging es auf schnell fliesendem Wasser in den lang gezogenen „Penker" Schwall der wenig Kehrwasser zum Üben bot. Nach dem passieren der nächsten Straßenbrücke, wechselte die den Fluss begleitende Landstraße von rechts nach links. Danach kam die Einfahrt zum sogenannten „Kolbnitzer Loch" wo das ganze Wasser rechts herum um eine Sand- und Kiesbank an einer Felswand entlang ins Unterwasser gepresst wurde. Am Auslauf war ein großes linksdrehendes Kehrwasser. Dieses musste richtig angefahren werden um sicher ins Kehrwasser zu gelangen und keine Kenterung zu riskieren. Wenn man oben ankam, mit zaghaften Paddelschlägen, wusste keiner von uns, was nun kommt. So war es, dass von acht Paddlern drei den Fischen guten Tag sagten und nicht um eine Kenterung herumkamen. Als letzte Schlüsselstelle war noch der Rohrbrücken Schwall zu bewältigen .Zwei dicke Rohre kreuzten die Strecke,darunter der wild brodelnde, mit vielen großen Felsen durchsetzte Fluss. Kaum Kehrwasser und starkes Gefälle forderten unser ganzes paddlerisches Können heraus. Es ging ohne Kenterwein weiter Richtung Möllbrücke, wo am rechten Ufer die Autos deponiert waren um uns zurück bringen.

Die zweite Paddeltour sollte eine Steigerung bringen. Sie war schwieriger als die erste Strecke am Vortag und führte, so hatte es der Fahrtenleiter geplant, von Winklern bis Stall. Am Vorabend wurde am kleinen Lagerfeuer viel Paddlerlatein zum besten gegeben.

Helmut war wieder unser Ausbildungs- und Fahrtenleiter. Er rief uns früh zum Aufbruch.

Nach Begutachtung unserer Ausrüstung durch den Fahrtenleiter Helmut (immer noch der mit der Trompete) konnten wir losfahren. Stall – Winklern. Rückhol Fahrzeuge blieben an der Brücke bei Stall zurück. Die Einsatzstelle auf dem rechten Ufer bot genügend Platz zum einsetzen der Kajaks und abstellen der Autos. Auf dem reguliertem Fluss mit befestigten Ufern im Ortsbereich, war damals der Einstieg.. Es war hier nur leichtes Wildwasser ohne jede Möglichkeit des Paddelns in Kehrwassern. Mancher dachte schon: Hoffentlich komme ich ohne Kenterung da runter. Doch so blieb es nicht. Schwälle, wie der „Tresdorfer Führschlag", der „Latzendorfer Wasseran", „Tauchenschwall" und die Waldschlucht brachten noch viele Übungsstellen für uns um die Fahrfertigkeiten zu verbessern. Zwei Kenterungen sorgten für Abwechslung. So kamen wir am späten Abend an den Zelten an.

Nach einem Ruhe und Reparatur Tag beschlossen Dieter, Hartmut und ich den etwas schwereren Abschnitt, das war der obere Teil der Möll, ohne die Gruppe zu Paddeln. Wir waren uns so sicher, dass wir uns das ohne Führung zutrauten. Also wie gesagt so getan. Mit zwei VW's Möllaufwärts, ein Auto in Winklern stehen lassen. Die drei Boote auf dem anderen Fahrzeug gepackt, ging es zügig zur Einsatzstelle am Steilwehr bei Döllach. Wir waren dank unserer kleinen Gruppe schnell auf der wenig Wasser führenden Möll. Anfänglich war es unmöglich ohne Grundberührung vorwärts zu kommen. Der erste Schwall „Sagritzer Rain" genannt, war ideal um in die verschiedenen Kehrwasser ein und aus zu schlingen. Eine schöne Übungsstelle ohne jede Behinderung durch andere Lehrgangs- Teilnehmer. So brachten wir den „Wallerschwall" bei

Mörtschach auch hinter uns. Nach weniger als drei Stunden saßen wir in Winklern beim Bier und mitgebrachten Wurstbroten in
der Mittagssonne. Das österreichische Bier: Gut, besser, Gösser
löschte unseren Durst. Einer blieb bei den Booten. Dieter und
Hartmut holten das Auto nach. So waren wir am Abend wieder bei
unseren Zelten in Obervellach. Wein oder Bier löschte am Abend
unseren Durst am Grillfeuer, das einen nahrhaften Geruch um
uns verströmte.

Wasserableitung für die Energiegewinnung

Am nächsten Tag wollten wir mit Helmut und der Gruppe auf die
Malta. Im Flussführer stand folgendes: Ein rechter Nebenfluss der
Lieser. Er entspringt in 3252 Meter am Ankogel, durchströmt ein
schönes Hochtal mit großen Wasserfällen. Im DKV Auslandsführer von 1960 stand, dass der Fluss Malta nach 16 Kilometern und
Wildwasser III vor Gmünd in die Weser mündet. Wir fragten uns
wo die Österreichischen Herausgeber des Ostalpenführers wohl

unterwegs waren. Oder wo wussten das die damaligen Herausgeber Max Schmid, Otto Buschner und Andere her, dass sie die Malta in die Weser münden ließen?

Auf dem Papier geht das noch. Doch in der Wirklichkeit war es die Lieser. Am anderen Morgen fand sich die Gruppe um Helmut in Gmünd am Parkplatz ein. Zwei Fahrzeuge für den Rückholdienst blieben stehen und wir fuhren zum Pflügelhof der Einsatzstelle. Der Fluss war hier etwa 30 Meter breit, schäumend, schnell fliesend und eiskalt. Ohne Neopren und Ersatzkleidung nicht zu empfehlen. Wir, das sind Dieter, Hartmut und ich, hatten heute wieder Hoffnung einige Kenterungen zu erleben. Unser Fahrtenleiter Helmut (hatte kein Trompete dabei, aber ein Rettungssack mit Seil im Boot!!) gab das Zeichen und paddelte voraus. Am Ende der 8 Teilnehmer ein weiterer Lehrwart der Naturfreunde. Schnell war die Gruppe auseinander gezogen. Wir hatten Mühe im Fahrwasser von Helmut zu bleiben. Der musste öfter mal warten in einem der wenigen Kehrwasser um Anweisungen und Ratschläge zu geben damit wir gut vorwärts kamen. Kehrwasser anfahren war bei der Strömung war sehr schwierig für uns Anfänger. Bei so einer Aktion wäre ich fast für einen Kenterwein gut gewesen. Kurz vor uns der Malta-Katarakt. Sollte rechts umtragen werden. Der erste Umschmiss beim einfahren ins Kehrwasser lies nicht lange auf sich warten. Die Retter waren in unmittelbarer Nähe. Auf der Weiterfahrt, die untere Strecke war etwas schwieriger als oberhalb, des für uns unfahrbaren Kataraktes, waren noch zwei Kentereinlagen, die für Abwechslung sorgten. .

Wir, das waren Dieter, Hartmut und ich kampierten mit unseren Krabbelhütten (kleine Hauszelte) 3 Wochen auf dem Platz an der Möll. Wo das Gletscherwasser gurgelnd vorbei strömte. 12 mal waren wir auf den umliegenden wilden Wassern unterwegs. Sieben Fahrten auf der Möll, zweimal Malta.

Zweimal Gail und eine Tour auf der Isel von Huben bis Lienz. Dann hatten wir für einige Zeit genug vom wilden Wasser, Felsen, Gefällstufen und Kehrwasser paddeln. Einige Regentage gab

es auch im sonnigen Kärnten. Reichlich Bier von Gösser floss trotz wenig Wein durch unsere Kehlen. Noch lange erinnerten wir uns an den Wallerschwall, Tauchenschwall und viele andere. Am letzten Tag in Obervellach regnete es ohne Unterbrechung. Das Wasser der Möll stieg mit rasender Geschwindigkeit an und überflutete am Nachmittag die Zeltwiese am Ufer. Wir konnten sehen wie der Fluss anstieg. Wir mussten unsere Zelte schnell abbauen. Am Abend wurde Hochwasser Warnung ausgerufen. Ich entschloss mich schnellstens das Mölltal zu verlassen. Kurz nach 22 Uhr lenkte ich meinen grauen Käfer auf den bereitstehenden Autotransportzug um die Nordseite des Großglockner Massives zu erreichen. Später erfuhr ich durch die Medien, dass kurze Zeit später das Tal sehr von Unwettern betroffen war. Ganze Dörfer, Straßen und Brücken waren stark in Mitleidenschaft gezogen.
:
Bei späteren Wildwasserwochen Anfang/Mitte der Siebziger wurde alles den GFK Zeiten angepasst. Da war unter anderem in den Teilnahme Bedigungen folgendes zu lesen: Die Wildwassertüchtigkeit des Bootes (im Bug und Heck befestigte, möglichst volumige Auftriebskörper und stabile Kenterleinen) ist Voraussetzung für die Teilnahme an den Führungen. Ebenso die persönliche Ausrüstung wie Schwimmweste. Helm und nach Möglichkeit auch Kälteschutzanzug. Das waren damals die Grundbedingungen einer Teilnahme an der Wildwasserwoche in Obervellach.
In einer Ausschreibung fand ich folgenden Text:

Dunkler Anzug und Krawatte wirkt immer Vornehm.
Doch bedenke, dass Schwimmweste und Sturzhelm
mehr zu deiner Sicherheit beitragen als ein tadellos
gebügelter Hemdkragen.

Wir waren oft in einer Dreiergruppe auf den Wildbächen unterwegs. Dieter, auch „Dieter Sagenhaft" genannt, warum das wusste keiner so ganz genau, paddelte immer vornweg. Dann folgte Hartmut und ich machte den Schluss. Das hatte sich so ergeben. Ich hatte damals schon ein selbst gemachtes Rettungsseil. Das war einfach ein Sack aus Zeltstoff mit einem eingenähten Tennisring damit er nicht unterging. Das ungefähr fünf Meter lange. 10 mm starke Seil hatte eine Schlaufe, die aus dem Sackboden ragte. Oben war so zugebunden, dass das mit Schlaufe versehene Seil beim Werfen leicht herauslaufen konnte. Auch ein kleiner Verbandkasten fand in meinem Wasserdichten „Mügufa" Kleiderbeutel noch Platz. So kam ich zu dem Ruf immer das schwerste Boot zu haben. Fand ich doch auch noch die Möglichkeit vorn unter dem Oberdeck ein geteiltes Ersatzpaddel unterzubringen. Glücklicherweise kamen diese Dinge selten oder gar nicht zum Einsatz. So sammelten wir Erfahrungen auf Wildflüssen und lernten mehr oder weniger Paddeln auf diesen Gewässern weitgehend im Selbstunterricht.

Kenterübungen im Hallenbad

Nach Ende der WW-Woche und den neuen Erfahrungen auf Möll, Mur, Taurach, Drau und anderen Wildflüssen beschlossen wir Mannheimer Kanuten ein eigenes Kentertraining zu organisieren, wollten wir doch mehr Sicherheit beim Paddeln. Das Kentern war leicht nur das wieder aufrichten war schwer oder ging überhaupt nicht. Im Kehrwasser anfahren hatten wir Fortschritte gemacht. Zur Perfektion reichte es dennoch nicht. Es bedurfte noch vieler Übungsstunden. Dem damaligen Wanderwart Fritz Thomas gelang es das Herschelbad in Mannheim zu diesem Zweck zu bekommen. Kentertraining war nun einmal im Monat an einem Samstagnachmittag und mit vielen Auflagen der Bäderverwaltung. Bootsspitzen und Paddelkanten mussten abgepolstert sein um eine Beschädigung der Kacheln aus zu-schließen.
Elmar Engel schrieb 1970:

Ein Kenterung ist weder für den Mann noch für die Ausrüstung ein Unglück, wenn man ihre Möglichkeit in jede Fahrtenplanung mit einbezieht.

Es war nicht so einfach eine Kenterrolle aus jeder Lage im Wasser zu beherrschen. Zuerst versuchten wir uns mit Trockenübungen auf einer Wiese. Ins Boot setzen und sich einfach umfallen lassen, hört sich leicht an ist es aber nicht. Es galt den Bewegungsablauf zu üben. Das hatte den Vorteil, dass es keine Orientierungsprobleme gab und eine Hilfestellung von außen möglich war. So konnte der Außenstehende leicht helfend eingreifen. Später, wenn die Bewegungen gut geübt waren, folgte das Weitere im Schwimmbecken. Mit Hilfestellung vom Ausbilder und einem Helfer wurde im Wasser weitergeübt. Dabei war die Spritzdecke zu schließen. Einige von uns hatten Nasenklemmen, wie es die Schnorchler hatten, um möglichst wenig Wasser in die Nase zu bekommen. Der Trainer steht seitlich und führt das Paddel. Vorher konnte jedoch eine Übung ohne Paddel durchgeführt werden. Umfallen lassen und der Helfer half in die Ausgangslage. Das war um den Bewegungsablauf im Wasser kennen zu lernen. Man lässt sich umfallen und beugt sich nach vorn und nach hinten. Der Trainer konnte nun wieder nach oben helfen. Endscheidend war alle Übungen mehrmals zu wiederholen. Schulterdrehung, Hüftschwung und Blattführung musste trainiert werden. Oft und viele Male bis wir alles beherrschten. Im warmen Wasser des Hallenbades! Das hieß noch nicht, dass alles im kalten Fließwasser klappte. Das war bei weitem nicht der Fall. Da herrschten ganz andere Verhältnisse. Bei richtigem Wildwasser der oberen Schwierigkeitsgrade konnte nur der Paddler aufdrehen, der die Rolle sicher beherrschte. Da waren wir damals noch weit entfernt. Also immer weiter üben bei jeder Gelegenheit. Auf kleinen leichten Flüsschen, an einem sommerlichen Badesee und im Winterhalbjahr nach Möglicht in einem Hallenbad. Wer die Kenterrolle sicher beherrschen wollte musste üben, üben und immer wieder üben.

Eine Ausschreibung der Naturfreunde Österreichs enthielt folgende Sätze:

Vertraue deinem Lehrwart! Sollte er jedoch einmal versuchen den Fluss schwimmend zu bezwingen, so brauchst du es nicht nachzumachen! Es genügt vollständig, wenn einer die Fische erschreckt und unnützerweise die Steine am Grund beschädigst.

Nach Ende des Wintertrainings konnten wir recht und schlecht aufdrehen aber die Fahrsicherheit hatte dadurch wirklich Fortschritte gemacht. Im Sommer trafen wir uns öfter am Silbersee, einem Baggersee unweit von Roxheim zwischen Ludwigshafen und Worms, zu weiterem Rollen üben. Schulungen mit Übungsleitern waren damals noch nicht erfunden beim DKV (Deutscher Kanu Verband). Wir brachten uns alles selbst bei unter Mithilfe der Freunde. Wer dann noch keine Rolle beherrschte hatte hinterher ein dennoch besseres Gefühl für Boote und Paddel.

Die Kenterrolle hatte damals wie heute den entscheidenden Vorteil dass bei einer Kenterung dem Paddler viel Arbeit erspart blieb. Das Aussteigen bei nicht gelungener oder nicht gekonnter Rolle hatte nicht nur einen Kenterwein zur Folge. Er musste aussteigen, am Boot bleiben, sein Paddel retten. Dabei galt es eine geeignete Landestelle zu erspähen. Das Boot aus dem Wasser ziehen und eingedrungenes Wasser auszulehren. Wieder ins Wasser einsetzen, einsteigen, die Spritzdecke schließen. Um dann endlich zu starten. Zeitlich dauerte das einige Minuten. Die Mitpaddler mussten auf den Gekenterten warten. Da ist eine perfekte Kenterrolle hilfreich um ohne viel Aufenthalt weiter paddeln zu können. Mit der Kenterrolle ist man in Sekunden wieder voll aktionsfähig. Man bringt das Paddel nach oben und dreht auf. Einfach wenn es PaddlerIn beherrscht. Das beherrschen der Rolle ist hilfreich beim Abstützen um eine Kenterung und einen und einen eventuellen Ausrüstungsverlust zu vermeiden.

Weiter steigerten wir uns in der Fahrfertigkeit, in's Kehrwasser paddeln, einschwingen und abstützen. Das hatte auch zur Folge, dass wir immer mutiger wurden. Bis auf WW des vierten Schwierigkeitsgrades (damals 1966 und nach heutiger (Ab)Wertung >2005< gerade mal WW Stufe zwei) und Wehrbefahrungen wagten wir uns heran. Karl und Eddi, Dieter und Günter, Willi und wer noch alles den Mut hatte mit zu paddeln, das kann ich heute nicht mehr so genau sagen. Unsere Fertigkeiten verbesserten sich von Saison zu Saison. Es war eine langsame und doch stetige Steigerung unseres Könnens. Waren mitte der sechziger Jahre noch Paddler mit Faltbooten auf den Wildflüssen anzutreffen so wurde das immer weniger. Die Hersteller begannen mit immer neuen Bootstypen den Markt zu bedienen. Waren unsere Vorbilder zu Beginn der Wildwasserpaddelei noch Walter Frentz, Herbert Rittlinger, Franz von Alber und Theo Bock, die wilde Flüsse noch mit Faltbooten auf abenteuerlichen Fahrten bezwangen. In der Anfangszeit der immer weiter fortschreitenden Kunststoff Technik hatten viele Wildwasserpaddler den Ehrgeiz immer neue noch nie befahrene

Gewässer bei so genannten „Erstbefahrungen" zu bezwingen. Das setzte sich fort bis heute wo immer noch neue Materialien und Bootsformen auf den Markt kommen. Ein Ende ist kaum abzusehen. Oder doch durch immer neue Befahrungs-Regelungen und Verbote. Gab es zu dieser Zeit keine Beschränkungen was das Paddeln anbetraf. Mit den empfindlichen Gummihäuten konnte nicht überall gepaddelt werden. Das änderte sich schlagartig mit den GFK Booten. Was zur Folge hatte, dass jeder kleine Bach gepaddelt wurde und es bis heute fast Tausend Befahrungsregelungen und Paddelverbote in Europa gibt. Doch nun wieder zum Paddeln

Zeltwiese (Ichiasanger) nach dem Regen

Auf französischen Ichiasangern

Frei nach Edmunds (Eddi) Erzählungen
Anfang April und ein Regenreiches Frühjahr mit stark angeschwollenen Kleinflüssen, was beste Befahrbarkeit versprach. So hatte unser Eddi, – auch Möpschen Drall genannt –, Flüsse im Französischen Jura vorgeschlagen. Die Bienne und den Ain unweit von Morèz, westlich des Genfer Sees, zwischen elfhundert und siebzehnhundert Meter hohen Gebirgszügen des Jura wollte er mit uns paddeln. Seine Einladung an die Mannheimer Paddler beendete Eddi mit dem Spruch: „Auf ein fröhliches Zähneklappern auf französischen Ichiasangern, freut sich euer Möpschen Drall!" Die Idee mit dem Jura hatte er aus einem Bericht in der Zeitung „Kanu-Sport" des Sportkameraden Roland Görger.
Treffpunkt war im 450 Km von Mannheim entfernten Morèz. In strömendem Regen schraubte ich meinen VW Käfer die steilen Bergstraßen durch die Bienne Schlucht. In Dunst und Nebelfetzen, die der Wind durch das enge Tal trieb, fand ich den Platz Bei Villard war ein steiniger Waldweg der zur Brücke „Pont de Villard" führte. Von Mittpaddlern keine Spur. Ich zog es vor mein kleines Hauszelt noch nicht aufzustellen. Bald trafen Eddi und Marianne, Karl und Hilde, Martin, Elfriede und die anderen nacheinander ein. Schnell in einer Regenpause die Zelte auf der triefend nassen Wiese aufbauen. Unter den Überdächern sitzend mit einer Flasche Rotwein ließ sich das Trommeln des Regens einigermaßen ertragen.
Am nächsten Tag, Karfreitag, das enge Tal immer noch von Nebelfetzen durchzogen, machte wenigstens der Regen eine Pause. Nach dem Frühstück erkundeten wir erstmal die rauschende Bienne. Braune Wassermassen führten Äste und kleinere Baumstämme mit sich. Im Wasser stehende Büsche wippten im Takt der lang gezogenen Wellen. Wir besichtigten soweit es möglich war die Flussstrecke. Er rauschte mit viel Gefälle und Getöse über Stufen und Felsblöcke. Ein weiterer Regenguss beendete jäh un-

seren Fußmarsch und ließ uns zu den Zelten zurückzukehren. Dort fassten wir den Entschluss abzuwarten und bei dem hohen Wasserstand lieber dem guten Vin ruoge den Vorzug zu geben. Für heute war der Paddeltag vorbei.

Eine Flussbeschreibung der Biennè gab es noch nicht. Der Wunsch diesen Wildbach zu paddeln weckte ein Bericht in der Kanusport Zeitschrift, der wie sich bald herausstellen sollte er nicht unseren Informationen entsprechen. Die Beschreibung war nicht mit dem heutigen Wasserstand vergleichbar. Vermutlich, ich war mir fast sicher hatte der Paddler damals einen völlig anderen Wasserstand angetroffen. Unsere Erfahrungen waren auch noch im Anfangsstadium. Mit wechselnden oder vergleichbaren Wasserständen wussten wir damals noch nicht viel anzufangen. Erfahrungswerte hatten wir noch wenig oder gar keine. So kam fast allen der Entschluss das Paddel heute mit dem Rotweinglas zu tauschen sehr gelegen.

Martin, der Älteste in der Runde, und von uns als „Boss" und Leitfigur stillschweigend anerkannt, suchte gerade nach dem Flaschenöffner. Er wollte die Rotweinrunde eröffnen. Da stand ein bärtiger Mann mitten zwischen den Zelten. Mit Gummistiefeln im hohen nassen Gras. Nach seiner Kleidung erschien er uns wie ein Bauer. Er machte uns in Schweizer Deutsch mit einem französischen Akzent klar, dass unsere vier oder fünf Zelte auf seiner Wiese ständen.. Das hinderte ihn nicht daran uns mit Handschlag zu begrüßen. Er sagte: „dort hinten ist mein Haus und ich lade euch heute Abend ein mit uns zu essen." Unser Boss wollte das nicht annehmen. Aber der Mann in seinem bäuerlichen Aufzug ließ das nicht gelten und überredete uns mitzukommen. Von unserm Platz aus konnten wir das Haus nicht sehen. Der Himmel war immer noch wolkenverhangen. Der Regen hatte aufgehört. Der Wind trieb die Wolken das Tal herauf und die blieben an den bis Tausend Meter hohen Bergen hängen. Am alten Bauernhaus angekommen gab unser Gastgeber jedem eine Aufgabe. Einige wurden hinter das Haus geschickt frische Brennnesseln zu sammeln.

Arbeitshandschuhe hatte er schon parat. Mit einer Zinkwanne zogen wir los. Andere wurden in der Bauernküche mit Kartoffel schälen beschäftigt. Da war auch Salat waschen und putzen angesagt. So waren wir Paddler beschäftigt. Zwei Arbeiter, die am Fahrweg auf den Masten der Telegrafenleitung beschäftigt waren, überredete er noch ins Haus zu kommen. Während der Gastgeber eifrig am vorbereiten von Salaten war und in einer großen Pfanne viele Würste gebraten wurden erzählte er uns wer er war. So erfuhren wir, dass er an der oberen Rhone unweit des Genfer Sees eine kleine Pension mit einfachen, kleinen Zimmern hatte. Bald wurde aufgetischt. Teller, wenig Besteck, Schüsseln voll verschiedener Salate und Wassergläser für den Rotwein, den der Gastgeber herbeigeschleppt hatte. So hatten sich weder wir noch Eddi das Paddeln im Jura vorgestellt. Die Tage blieben in unserer Erinnerung nur als Ostern auf „französischen Ichiasangern" im Gedächtnis. So neigte sich der dritte Tag im Jura, ohne ins Boot zu steigen, seinem Ende entgegen. Ende März wurde es früh dunkel. Wir krochen bald in unsere Schlafsäcke.

Der nun folgende Sonntag ließ uns mit Brummschädeln erwachen. Schuld daran war, ich weiß auch nicht mehr was. „Heute steigen wir in die Boote, wir sind nicht hierher gefahren um den französischen Weinkonsum zu erhöhen," hörte ich Eddi sagen. Das Wetter schien sich etwas beruhigt zu haben. Die Wolkendecke hatte sich etwas gelichtet. Vor meinem Zelt spiegelte ein Hochspannungsmast seine schlankes Stahlskelett in einer großen Pfütze. Zwei freche Spatzen tummelten sich an deren Rand.

Gegen Mittag kam Leben in unsere kleine Zeltstadt. Durch einen Dunstschleier abziehender Regenwolken versucht die Sonne einige Strahlen auf die ersten zarten Knospen der Büsche und Bäume zu schicken. Wir fuhren mit dem VW Bus und Hänger an den Ain zur Brücke von Pyle. Nach kräftigem Schluck aus der Rotweinflasche, ausgerüstet mit Neoprenhose, Schwimmweste und einfachem Kopfschutz, zwängten wir uns in die Boote.

Das leichte Hochwasser war unangenehm kalt. Die Mannschaft war vollzählig zum Start auf den uns unbekannten Fluss Ain. Aus Eddis Einladung hatte ich in Erinnerung: „Die Hochwasserperiode ist beim Ain im März/April, es könnte daher sein, dass wir umdisponieren müssen. Das werden wir sehen wenn wir vor Ort sind. Alles Wetter und Wasserstand abhängig. Und weiter – auf ein fröhliches Zähneklappern auf französischen Ichiasangern, freut sich euer Möpschen Drall." Wie er damit recht hatte, das hätte er sich im Winter, als er die Idee mit dem Ain hatte nicht träumen lassen. Im diesen Momenten zählte alles nicht. Ich hatte es vorgezogen statt meiner Kamera einen Verbandkasten und ein Handtuch im Gummibeutel wasserdicht zu verstauen. Keiner von uns hatte eine Ahnung was uns erwartete. Es begann mit einer schwer einsehbaren Waldschlucht mit für uns damals wuchtigen Schwällen. Es begann wieder der Nieselregen. Um uns gischtende Wellen, Steine aller Größen, Gefällstufen verschiedener Höhen. Es rumpelten die Bootskörper darüber. Alle kamen ins nächste große Kehrwasser. Karl paddelte voraus als kenne er den Fluss. Die richtigen Durchfahrten fand er mit traumwandlerischer Sicherheit. Und die ganze unsichere Flotte hinterher. Am Fluss führte keine Straße nebenher.

Kiesbänke, große und kleine Steine, rundgeschliffen oder scharfkantig machten uns zu schaffen. Es war nicht immer leicht die besten Fahrrinnen zu finden. Auf dem, vom leichten Hochwasser braun gefärbten, Fluss hatten wir alle gut zu tun. Vorwärts, rückwärts und seitwärts die Boote versetzen um die beste Fahrrinne zu finden.schaffte nur Karl am besten. Ein doppelte Stufe, in der Mitte wippte ein halber Baum auf und ab. Da hatten wir auch schon eine Kenterung. Ein braunes Boot schwamm kieloben. Elfriede watete mit Paddel über die Kiesbank ans rechte Ufer. Unsere zwei Jüngsten Mitpaddler bugsierten den Kahn ans Ufer.

Das ist gut für eine kleine Pause bemerkte Hilde als sie ihr Boot auf die Kiesbank auflaufen ließ und schnell ausstieg um zu helfen. Wir waren genug Leute und hatten Boot und Ausrüstung vollzählig geborgen. Elfriede stand schnatternd und nackt im Wind. Sie musste sich schleunigst umziehen. Mit trocknen Sachen aus ihrem Kleidersack. Neopren war damals für uns fast unerschwinglich. Nach einiger Zeit hieß es weiterpaddeln. Der „Boss" stellte fest ein Bergung wie im Lehrbuch. Es folgten Schwälle verschiedener Höhen, kleine, enge Kehrwasser und Stufen, die dank des guten Wasserstandes ohne Grundberührungen abgingen. Der Wind trieb dunkle Wolkenfetzen über die Baumwipfel so tief, dass wir die Bergspitzen in 500 Meter über Grund manchmal nur erahnen konnten.

Der Fluss trug uns unaufhaltsam unserem Endpunkt, der Brücke nahe der Engstelle „Clas de la Pyle" entgegen. Doch was erwartete uns am Ausstieg, eine Großbaustelle für ein Wasserkraftwerk, dessen Stau sich bis weit oberhalb unserer heutigen Einstiegsstelle bis zum Wasserfall Saut de la Saisse erstrecken wird. Mit den hier am Morgen deponierten Autos gelangten wir auf engen kurvenreichen meist geschotterten Bergstraßen zu den Zelten zurück. Möpschen Drall, manchmal auch Edmund (Eddi genannt) hatte recht mit seinen Ichiasangern am Ain im Jura an Ostern. So fand wieder ein lehrreiches, langes Wochenende einen guten Abschluss. Viele Kilometer mit den Autos, wenig gepaddelt, ausgiebig gezecht und gegessen so sind die „Ichiasanger", er meinte die nassen Bergwiesen, von Möpschen Drall (Eddi) bis heute unvergessen. Wir waren um viele Erfahrungen reicher.

In den nächsten Wochen und Monaten sollten weitere Erfahrungen auf diversen Wildbächen folgen. So übten und tummelten wir uns mit den damals empfindlichen GfK Booten von Baschin, Bonè und Co auf, bedingt durch Wassermangel, steinigen Kleinflüssen. Die Folge war viel Harz, Härter und Glasfaserverbrauch. Die Boote legten dabei auch einiges an Gewicht zu. Dies hielt uns jedoch nicht vom Paddeln ab. Die Kilometer, die mit den Autos zurückgelegt wurden waren damal schon ein Vielfaches der gepaddelten Strecken.

Wildwasser paddeln mit Faltbooten

Neue Herausforderung: Die Wutach

In dieser Zeit wenig bekannt und kaum von Paddlern befahren die Wutach im südlichen Schwarzwald. Sie fließt erst in östlicher Richtung vom Feldbergsee durch eine 40 Km lange Schlucht um dann bei Grimmelshofen nach Süden dem Rhein zuzuströmen. Unweit von Waldshut fließt ihr Wasser dann in den Rhein. Durchweg mit Wildwasser der Stufe zwei bis vier, bei Hochwasser, Schneeschmelze oder langen Regenperioden auch darüber. Bei Wanderern schon damals bekannt der Wanderweg durch die über 40 Km lange Wutachschlucht. „Als Wildwasser zählt die Wutach zu den schönsten, allerdings auch schwersten Gewässern Deutschlands." so zu lesen in einer der ersten Flussbeschreibungen des Deutschen Kanuverbandes. Wir erfuhren davon (1966) durch Berichte von Josef Haas und Roland Görger. Das weckte unser Interesse an Ostern in der Hoffnung einen guten Wasserstand, kein Hochwasser, anzutreffen. Wir suchten uns den etwas leichteren der Schlucht aus ab der Schattenmühle.

Als wir am späten Nachmittag des Karfreitag dort ankamen bei leichtem Nieselregen sah es nach gutem Mittelwasser aus. Das bestätigte uns auch der Wirt der Schattenmühle. Der erlaubte uns auf seiner triefend nassen Wiese die Zelte aufzustellen. Wahrscheinlich auch in der Erwartung, dass wir am Abend bei ihm einkehrten. Das war zwar nicht geplant aber wir fanden uns am Abend doch in der Kneipe des alten Mühlenanwesens ein.

Am nächsten Tag als sich die Nebelschwaden aus dem Hochtal verzogen hatten und die Sonne versuchte dem Ostersamstag ein freundlicheres Aussehen zu geben machten wir einen ersten Rundgang. Oberhalb der Brücke das Wehr auf ganzer Breite gut überronnen. Gleich eine Strecke bis weit unterhalb der Brücke viele Steine. Teilweise dünn überronnen mit engen Durchfahrten. „Aber durchaus gut fahrbar" so beurteilte Karl die einsehbare Paddelstrecke. „Kommt, lasst uns zwei Autos vorstellen an die Wutachmühle" sagte Eddi. Die Zurückgebliebenen machten schon mal die Kajaks startklar. Gegen Mittag saßen wir alle in den Booten. Alle gespannt ob unserer wenigen Informationen über die Schwierigkeiten zutrafen. Karl paddelte voraus und übte sich im anfahren der spärlichen Kehrwasser. Mit seinem Viermeter- Boot von Baschin gelang ihm das meistens. Eddi und mir, mit unsren Dickschiffen und 430 Zentimetern Länge fiel das wesentlich schwerer. Für die einsame und sehenswerte, tief im Granit, Buntsandstein und später Muschelkalk eingeschnittene Schlucht hatten wir heute keinen Blick übrig. Die ganze Aufmerksamkeit galt der Wutach mit ihren zahllosen Steinen, Felsen und Gefällstufen. Ja keinen Bootsschaden machen. Bei den Temperaturen nachts nahe dem Gefrierpunkt härtet kein Harz aus, dies war uns allen klar. Also immer aufpassen. Bei einer Kenterung konnten wir uns auch nicht vorstellen wie die Klamotten wieder trocken werden sollten. Es galt hier sich langsam mit den Booten von Kehrwasser zu Kehrwasser zu bewegen und ja keinen Umschmiss zu riskieren. Das hieß auf Deutsch nicht zu kentern. Also war der „Bach, hier die Wutach" von der es nur wenige Beschreibungen zur damaligen Zeit gegeben hat für uns eine stete Herausforderung. Ohne Bootsschaden und Kenterung bei der Wutachmühle zum Ausstieg zu kommen war unser Ziel. Es waren noch einige steinige Kilometer bis dahin. Mancher Farbfleck wurde von unseren bunten Polykajaks auf den Felsen und Steinen am Bachgrund hinterlassen. Bei jedem Gewässer, das wir mit unseren GFK Booten erpaddelten, waren wir um eine Erfahrung reicher. Nur so wurden wir sicherer und lernten das Paddeln auf wilden Gewässern. Karl war der wildeste im anfahren von Kehrwassern. Er, Karl war auch der Erste, der an der Ausstieg –Stelle unterhalb der Mühle ankam. Er drehte gleich sein Boot um. Ohne Schrammen und Kratzer ging's nicht ab. Das stellten wir dann auch fest. Aber alle waren gut angekommen mit mehr oder weniger Mühe. Wir waren fünf Paddler und es hatte keine Kenterung gegeben. Also musste am Abend jeder sein Getränk selbst zahlen. Es gab keinen Kenterwein. Mit unseren immer perfekter werdenden Paddelkünsten waren immer weniger Kenterungen zu verzeichnen..

Auch an den Holzpaddeln mit Längen um 220 Zentimeter ging die Schrupperei nicht spurlos vorüber. Die Firmen Schlegel, Kober, Klepper und einige andere machten gute Geschäfte mit uns angehenden Wildwasserpaddlern. In der Anfangszeit waren auch noch einzelne Vereinsmitglieder mit Faltbooten auf Wildflüssen unterwegs. Die mussten oft Gestänge, Spannten und Bootshäute flicken. Auch die ersten Polyesterboote waren nicht so stabil wie wir anfangs dachten. Kunststoffe und Glasfaser waren noch nicht auf dem heutigen Stand der Technik. Ich hatte immer einen Karton mit Harz, Härter und Glasfasermatte im Gepäck. Spachtel und Pinsel sowie Waschpulver (damit war das Harz am besten zu entfernen) als Reinigungsmittel durfte nicht vergessen werden. Zum guten Paddeln brauchte man auch gutes Werkzeug. Eine grobe Feile oder Raspel gehörte ebenso ins Gepäck wie grobes Schmirgel und einige Plastiktüten zum Abdecken der Reparaturstellen.. Da das Material noch nicht so gut war und unsere Paddelkünste und Erfahrungen in den Kinderschuhen steckten war die Reparatur Häufigkeit geradezu vorprogrammiert. Nach fast jedem Paddeltag folgte ein der Reparaturtag. So hatten wir einen großen Verbrauch von Glasfasermatten, Harz und Härter. Anderntags, ich glaube es war Ostersonntag, paddelten wir noch die etwas leichtere Strecke von der Wutachmühle bis nach Grimmelshofen. Da galt es das Achdorfer Steilwehr zu umtragen. Einige wollten es genau wissen und versuchten eine Befahrung . Zwei Paddler gelang es das etwa drei Meter hohe senkrechte Holzwehr zu überwinden ohne zu kentern. Eine junge Paddlerin wollte auch runter, kam unten im nicht so tiefen Wasser so an, dass sie aus ihrem Boot musste. Dabei tauchte sie unter und – kam ohne ihr Bikini Oberteil an Land. Trotz intensiver Suche einiger Mitpaddler konnte es nicht mehr gefunden werden. Ob es noch heute dort auf Grund liegt?

Langsam wagten wir uns auf immer schwierigeres Wildwasser. Unsere Paddelkünste wurden zusehends besser. Vieles mussten wir uns damals selbst beibringen. Einzige Ausnahme war, die jährlich in Obervellach in Kärnten von Österreichs Naturfreunden durchgeführte internationale Wildwasserwoche. Bei dieser Veranstaltung waren wir einige male um unsere paddlerischen Fähigkeiten zu verbessern,

Kräftiger Schwall

„Endlich" im Jahr 1969 km ein echtes Wildwasserbuch auf den Markt.
Die BLV Verlagsgesellschaft hatte es gedruckt. Die Autoren waren Robert Steidle und Walter Pause. Die ersten sechs Zeilen hat Pascual Jordan verfasst:

Natur und Landschaft sind nicht nur idyllischer
Hintergrund unserer Existenz, sie bleiben der
tragende Grund unseres Daseins. Wenn Freiheit für
den Menschen, dann auch Freiheit für die Natur
Gegenüber der Tyrannei selben Menschen.
Zerstörte Natur legt den Menschen in Fesseln.

Auf mehr als 150 Seiten haben die erfahrenen Autoren 50 Flussabschnitte ausführlich beschrieben. Viele Seiten Text mit SW Fotos und Beschreibungen von Technik und Taktik Ergeben einen guten Überblick von der Paddelei. Das war damals ende der sechziger Jahre das beste Lehrbuch für uns. Bald folgten weitere Lehrbücher. Es gab immer mehr gute und weniger gute Flussbeschreibungen. Im Jahr 1978 erschien der DKV Auslandsführer Österreich/Polen mit vielen ausführlichen Angaben der Alpenflüsse. Wir nahmen uns vor möglichst viele zu paddeln. Das waren nur Wunschträume von denen ich bis heute die wenigsten realisieren konnte..

Die Steyr in Oberösterreich paddelten wir vom Stromboding bis zur Wildwasserschule in Kniewas. Auf dem Abschnitt konnte fleißig geübt werden. In die Kehrwasser ein- und ausfahren. Es gab leider keine Kenterung und daher auch keinen östereichichen Wein. Es gab bei unserer Gruppe kaum einen Umschmiss, da wir sehr intensiv und oft unsere Fahrfertigkeiten verbessert hatten.

Erst nach der Lektüre wussten wir wie viele Flüsse vom Zahmwasser-Wanderfluss bis zum schweren Wildwasser es in der Alpenrepublik gab und noch gibt. Vieles ist heute jedoch durch Kraftwerksbauten und Stauseen unfahrbar geworden. Leider werden viele Gewässer der Stromlobby geopfert. So auch unter anderem die schöne Malta, rechter Nebenfluss der Lieser, wurde am Ankogel mit einem großen Speichersee so verbaut, dass kaum noch ausreichender Wasserstand vorzufinden war. Davon betroffen ist auch die Lieser. Für die Ableitung des Speicherwassers wurden Kilometerlange Tunnel durch die Berge gebohrt bis zum Kraftwerk Kolbnitz. So waren und sind heute nur noch Teilstrecken wasserstands-abhänig paddelbar. Und wir mussten wir auf andere Bäche ausweichen.

Kenterung im Schwall

Flussführer

Zwischenbemerkungen
Unter Flussführen verstehen Paddler einen Führer in Buchform. Das nicht das Gleiche wie beispielsweise „der Fremdenführer" der bekannter ist und Stadtführungen oder Schlösser erklärt. Unsere „Flussführer" beschreiben ausführlich oder weniger ausführlich Flüsse, Bäche, Seen und andere Wasserläufe in Deutschland damals das Deutsche Fluss- und Zeltwanderbuch. Als 1960 der Auslandsführer erschien war er nur als Manuskript mit der guten alten Schreibmaschine geschrieben und dann im Format etwa DIN A 5 mit blauem Pappeinband in wahrscheinlich wenigen Exemplaren unter die Paddler gebracht. Ich war einer davon. Auch hatte ich eine Schwäche zum sammeln von Landkarten und den genanten Flussführen. Ich habe heute fast 50 dieser „Flussführer" in meinen Regalen stehen.
Beispiel Frankreich, im ersten Auslandsführer 1960, mit einem blauen Einband, waren nur 26 Flüsse von Ain bis Vecerè dürftig beschrieben. In den neuesten Büchern getrennt in Nordfrankreich und Südfrankreich sind mehrere hundert Fließgewässer, Kanäle, Seen und Staustrecken sehr ausführlich beschrieben. So hat sich der Paddelsport rasant entwickelt. Gleiches kann man bei den Mitgliederzahlen feststellen. Waren es im Jahr 1960 noch etwa 60 Tausend Mitglieder (West) so sind heute mit den östlichen Bundesländern über 100 Tsd.organisiert. Es wird angenommen, dass es die gleiche Anzahl nicht Organisierter gibt. Von den Herstellern sind auch keine Zahlen über die verkauften Boote bekannt. Auch liegen noch viele Boote aller Bauepochen ungenutzt in Kellern, Garagen und Bootshäusern herum und verstauben dort. In manchen Vereinen ist nicht einmal bekannt wer die Besitzer vieler eingelagerter Boote sind. Fazit: Viel Material was nicht mehr auf den Flüssen unterwegs sein kann. Soweit die Situation heute.
„Flussführer" damals ein Deutsches Fluß- und Zeltwanderbuch und einen mit der Schreibmaschine und vervielfältigtes Aus-

landsführer. Heute vierzig Jahre später sind viele unterschied-
liche Flussführer und Beschreibungen von vielen Verlagen in den
Regalen der großen Kanufachgeschäfte. Bei Buchhändlern, die
auch meist nicht informiert sind was auf dem Markt ist, müssen
diese bestellt werden.

Wehre

sind Hindernisse und Flussverbauungen. Früher zum Betreiben von kleinen Mühlen wo heute noch an den Namen zu erkennen ist welchem Zweck sie dienten. Ölmühle, Schleifmühle, Hammermühle, Sägewerk, Papiermühle, Herrenmühle und viele andere. Es gab und gibt sie auch in den verschiedensten Bauweisen. Die wichtigsten sind Steilwehre, Schrägwehre (fast immer gut fahrbar für unsere Kajaks), Stufen- und Kastenwehre. Staustufen mit Schleußen, Staumauern mit Turbinen-Kraftwerken zur Stromgewinnung sind bei Paddlern unbeliebt. Lange und weite Umsetzanlagen zum ein und ausbooten und ein Unterwasser, das meist trocken liegt, bis das Wasser des Kraftwerkes wieder ins Flussbett kommt. Bei Hochwasser sind diese Anlagen gemeingefährlich und dann für uns oft nicht fahrbar. Manche Flüsse sind mit sogenannten betonierten Kulturstufen oder Grobstein Schüttungen versehen was häufiges Umtragen erforderlich macht. Diese Abschnitte oder Flüssen sind zum Paddeln völlig ungeeignet

Naturwehr

Die Wildwasser in der Steiermark

Österreich hat einige hundert Flüsse und Bäche viele davon sind mit den modernen Kunststoffbooten paddelbar. Wir waren damals Anfang der Siebziger Jahre einige male auf der Steierischen Salza unterwegs. Der obere Teil, ein schönes Hochtal, war die Familien Strecke. Schwierigkeiten ab Gußwerk bis zur Bresceni –Klause nicht über WW II . Die Klause, eine Anlage ursprünglich gebaut für Flößerei. Dort wurde das Wasser so angestaut damit bis in die Enns auf 42 Km geflößt werden konnte. Durch Kehrwasser fahren auf der leichten Tour übten wir für den schwereren Flussabschnitt. Die Männer setzten unterhalb der Klause die Kajaks wieder ein um die folgenden 15 Flusskilometer, bis WW III, zu befahren. Wer nicht mitpaddelte machte die Autoverstellung zum Zeltplatz Wildalpen.

Die Strecke war etwas anspruchsvoller als die von Gusswerk bis zur Klause. So konnten wir Karl, Willi, Richard und ich in den Kehrwassern herumfuhrwerken. Mit der Hoffnung auf einen Kenterwein! Ab Brunntal auf den letzten fünf Kilometern nahmen die Schwierigkeiten zu. Richard, der in einer Stufe rumspielte, hatte sein Paddel verschnitten und musste schwimmen. Ein Kenterwein war sicher. Nach vielen Spielereien war der Paddlerzeltplatz am rechten Ufer der Salza erreicht. Beim anlegen, kurz vor dem Aussteigen, machte ich mit dem Flusswasser Bekanntschaft. So war die zweite Flasche Österreichischer Kenterwein fällig. Wir paddelten zu der Zeit noch Polyester Kajaks mit Längen von Vier Meter und länger. Mein Bone Boot war mit 430 Zentimetern der längste Kahn auf dieser Tour. Die zwei Flaschen Kenterwein ergaben für jeden von uns acht Personen ein halbes Glas.

Der folgende Tag erforderte PKW vorverstellen nach Erzhalden. Das geschah am frühen Morgen als die Sonne noch nicht ins Tal schien. Von Wildalpen bis zur 55 Km entfernten Mündung in die Enns war WW IV –V je nach Wasserstand. Wir hatten gutes MW angetroffen. Schnelle Fließgeschwindigkeit und kaltes Bergwasser das vom Hochschwab und den Eisenerzer Alpen aus über 2000 Meter Meereshöhe von rechts und links herbeiströmte. Der flotte Wasserlauf wartete mit einigen Schwierigkeiten auf. Wir bemühten uns immer wieder in Kehrwasser, waren sie noch so klein und eng, dass kaum ein Boot dort Platz fand. Dann kam die erste enge Passage die unser Fahrkönnen herausforderte. Eine enge Durchfahrt mit nachfolgender Stufe und kräftigem Schwall. Im anschließenden großen Kehrwasser machten wir eine Verschnaufpause. Dann galt es wieder ins Kehrwasser einzuschwingen. Das gelang uns allen sehr gut. Ich dachte an „Kehrwasser und Kenterwein" aber es war keiner fällig, da wir nun gut geübt waren. Die nächste Herausforderung war der Lawinenschwall. In der Mitte ein großer Stein links und rechts davon ein mächtige Welle mit anschließender Walze. Ich bin ganz rechts außen entlang gepaddelt, die „Drückeberger Tour" ohne Kenterwein. Nach einer hohen Straßenbrücke, die sich kühn über das Tal schwang, kam noch ein Bergrutsch wo ganz links gepaddelt werden musste. Zu weit rechts führte unweigerlich zur Kenterung. Was einer Gruppe gleich zweimal passierte. Im Kehrwasser am rechten Ufer stiegen wir aus und halfen bei der Bergung der Boote. Unsere Gruppe blieb von Kenterungen verschont. Nach zwei Kilometern kam der Ausstieg am rechten Ufer wo unsere Autos standen. Direkt am Zelt- Platz war unterhalb der Brücke war eine kleine Stufe und eine Verengung durch die Brücken-Pfeiler. Das war eine schöne Übungs- und Spielstelle zum Kehrwasserfahren und auch zum Kentern. Da war schon einiges los und es wurde manchmal eng die Rumkurverei. Es gab auch einige Kenterungen. In den folgenden Tagen waren wir einige Male auf verschiedenen Flussabschnitten der Steyrischen Salza Unterwegs.

Unterwegs auf der Ammer

Loisach und Ammer

Es gab noch viele Wildwasser, die auf uns warteten. So waren wir mehrmals auf der Ammer von Kammerl bis Rottenbuch unterwegs. Wir hatten uns vorgenommen dabei am Wochenende die Loisach oberhalb Garmisch die Griesenschlucht zu paddeln. Das erforderte viele Kilometer Auto-Anfahrt. Über Tausend Kilometer und zweimal über 5 Stunden hinterm Steuer eines VW Käfers am Wochenende von Freitag Nachmittag bis Sonntag fast um Mitternacht. Alles mit bis zu drei Polyeinern auf dem Dach. Der Samstag begann spannend am Einstieg Gschwander Steg. Der Pegel zeigte 120 cm. Ein gutes Mittelwasser wie uns zwei Münchner sagten, die gerade lospaddelten. Wir, Karl und Walter mit Slalombooten (Kurzboote 400 cm), Richard und ich mit Booten von 430 cm, zu der Zeit Wanderboote, und Edmund (Eddi) mit seinem Faltbooteiner (Pionier 450 S) . Eddis Boot war aufgebaut. Abladen und die, soweit vorhanden, Kälteschutzanzüge (ein damals seltener Ausrüstungs Gegenstand) anziehen. Es war, als wir in den Booten saßen und die Spritzdecken über die Süllränder zogen, nasskalt und konnte noch Regen bringen. Sofort begannen erste Verblockungen, große Felsen versperrten die Sicht und machten es uns schwer eine Passage zu erkennen. Die Schlüsselstellen waren Stufen wie der „Dom" das „Schüsselloch" das „Treppenhaus" sowie das „Straßen-S" bis zu WW IV. Wir kamen alle gut durch außer Eddi der verkeilte das schön blaue Faltboot im Dom und musste mit vereinten Kräften befreit werden. Das Boot war einfach zu lang für diese Strecke. Alles ist noch mal gut gegangen bis auf ein paar Kratzer an der Gummihaut. Den Abend verbrachten wir ohne Kenterwein mit einem Maß Bier wie in Bayern üblich in einer urwüchsigen Wirtschaft.
Am Sonntag war die Ammer vom Kraftwerk Kammerl bis Rottenbuch unser Ziel. Früh aufs Wasser, das hieß früh aus den Schlafsäcken. Vor dem Einsetzen der Boote ein kleiner Fußmarsch zur ersten Schlüsselstelle „Scheibum". eine Felsbarriere mit Einfahrt

links, dann queren nach rechts um die Ausfahrt neben der Felsrippe zu erwischen. Ging auch rückwärts in rechtsufrige Kehrwasser und anschließend in die Strömung einfahren. Hundert Meter dahinter das Naturwehr nur mittig zu paddeln. Ich kam zu weit nach rechts und musste aussteigen.

„Kenterung" und Kenterwein aber erst Dienstag im Bootshaus. An den Schleierfällen unter der Fußgänger-Holzbrücke musste Walter aussteigen, eine Rolle gelang ihm nicht, noch eine Flasche „Kenterwein". Die Schwierigkeiten ließen nach die Ammerschlucht wurde breiter. Als die 78 Meter hohe Eschelsbacher Brücke in unser Blickfeld kam waren nur noch die fünf Eschelsbacher Gefällstufen im Weg. Das Wehr in Rottenbuch unmittelbar vor dem Ausstieg war über eine Holzrutsche leicht zu fahren. Wir waren fest entschlossen noch öfter die Ammer zu paddeln. Die schöne Schlucht war ein unvergessliches Erlebnis. Ich bin in vielen Jahren mehr als zwanzig mal dort mit den unterschiedlichsten Bootstypen unterwegs gewesen.

Nach 500 Km, die Hälfte in der Nacht, war es fast 24 Uhr als wir am Bootshaus ankamen. Wir freuten auf Dienstag Abend und die drei Flaschen Kenterwein. Am Dienstag Abend waren die Mitpaddler im Bootshaus anwesend um bei dem begehrten Kenterwein zum Fachsimpeln, Erfahrungs Austausch und Paddelerlebnissen zu berichten.

Es war eine ganz komische Entwicklung wie ich die damalige Zeit erlebte. Die Boote wurden immer kürzer ebenso die Paddel. Mit so langen „Prügeln" könne kein vernünftiger Kanute richtig paddeln hieß es. Im gleichen Maße wie die Boote und Paddel kürzer wurden nahmen die Flussführer an Umfang und Seitenzahl zu. Viele Paddler aus ganz Deutschland (ohne die damalige DDR) waren ehrenamtliche Mitarbeiter für den DKV Verlag in Duisburg. Auf manchen „Mode oder Standard Flussstrecken" waren viele Paddler unterwegs. So auch wir fuhren viel Kilometer mit unseren Autos und Booten auf den Dächern. Zwanzig bis dreißig Paddelkilometer am Wochenende erforderten oft 800 bis 900 Straßenkilometer. Fazit : etwa vier Stunden saßen wir in den Booten und zweimal acht Stunden hinterm Steuer. Meist gab es Kenterungen aber Verluste oder Verletzungen waren selten. Aber.auch von Auto-Pannen blieben wir nicht verschont. So standen wir an einer Esso Tankstelle in Bad Kohlgrub zum Tanken. Zwei VW-Käfer und Volker mit seiner Gerdi und seinem Opel Record Caravan. Alle PKW's wurden vollgetankt. Als wir weiterfuhren kamen die Beiden im Opel nicht nach. Wir fuhren zurück zur Tankstelle. Da stand unter einer Reklame „ein Tigerkopf mit dem Schriftzug – der Tiger im Tank-" der OPEL (ohne Panne ewig laufen) und machte keinen Mucks mehr. Ich schleppte ihn ein paar Kilometer zu einer Opel-Werkstatt. Wo er noch am Samstag repariert wurde. Das war im Juni 1966. Gerdi's Boot wurde umgeladen und sie fuhr mit uns weiter zur Ammer. Volker sollte zum Ausstieg nach Rottenbuch kommen. Es gab viel Wasser auf der Ammer. Aber heute keine Kenterung. Trotzdem viel Spaß auf der Ammer. Das schnelle Wasser und die steinige Strecke mit ihren vielen kleinen und großen Kehrwassern bei einem idealen Wasserstand ließen viel Zeit an Spielstellen. Auf der Zeltwiese beim Bauern auf dem linken Ufer der Ammer erwartete uns schon Volker mit seinem Opel. Der war repariert und der Tiger wieder im Tank. Was ein Glück an diesem Wochenende. Am folgenden Sonntag wurde die Ammer nochmals gepaddelt und wieder ohne Kenterung. Gepaddelt hatten wir knapp 30 Km. Die Hin- und Rückfahrt von Heidelberg zur Ammer brachte meinen Tacho über 850 Km mehr auf das Zählwerk. Aus meinem Geldbeutel entschwanden über 40 Mark in den Kassen der Tankstellen. Mag das Paddeln selbst umweltfreundlich gewesen sein so war die viele Autofahrerei alles andere als das. An dieser Tatsache hat sich bis heute wenig geändert, leider.

Wildwasser der Seealpen

In einem der folgenden Jahre planten wir über Pfingsten Südfrankreich. Mit zwei oder drei zusätzlichen Urlaubstagen ließ sich das machen. Vorgesehen hatten wir Var und Verdon. Einen Tag für die Anfahrt von mehr als 760 Km. Drei Tage paddeln zwei Touren auf dem Var. Nur die Besseren einen Tag die Verdon-Schlucht. Also fuhren wir an den Verdon und Var. Dieter (Sagenhaft), Günther und Willi (Lehrwart bei den Naturfreunden) wollten die große Schlucht des Verdon paddeln. Wir, die weniger sattelfesten eine Wanderung durch den Canyon machen. Die Drei paddelten schnell durch die Schlucht bei einem idealen Wasserstand. Die Wanderer benötigten von Maline bis Pont sublime mehr als sieben Stunden. Dieter, Günther und Willi waren fast schneller als wir, sie kamen nach knapp acht Stunden an der Brücke von Galetas an wo Dieters Opel stand- und das trotz der vielen schwierigen Passagen. Styx, Imbut, Passarelle, Syphon und vielen Anderen. Und, das sei hier noch vermerkt, ohne Kenterung!! Dann die folgenden zwei Tage für alle die Schlucht des Var 10 km Pont Roberts bis Daluis. Anfangs war gute Strömung und einige Kehrwasser zum Üben. Das Gefälle wurde immer stärker. Die Felswände steiler. Der Fluss immer mehr eingezwängt. Schwieriger, verblockt und da die erste Kenterung. Der Paddler und seine Ausrüstung war schnell gerettet. Der Umschmiss wurde zur Mittagspause genutzt. Es war sehr warm. Man konnte zusehen wie der Wasserspiegel zunahm eine Folge des aus den Bergen kommenden Schmelzwassers.

Nächster Tag, nach dem Vorstellen der Autos stiegen wir unterhalb Entrevaux in die Boote. Die Gruppe bestand nun aus neun Einerkajaks. Die Schwierigkeiten auf den knapp dreißig Kilometern gingen nicht über den dritten Schwierigkeits Grad hinaus. Es gab einige kniffelige Engstellen die uns wieder zwei Kenterungen bescherte. Juhu, besser die als ich freute sich Willi. „Sei vorsichtig sonst bist du der Nächste der mit den Fischen Bekanntschaft macht" sagte Dieter. Willi brachte es fertig auf der Paddelstrecke in unzählige Kehrwasser ein- und auszuschwingen. Selbstverständlich ohne Kenterung.

Einen Umschmiss hatten wir noch kurz vor dem Ausstieg als Inge ihr Paddel verschnitt und im Zeitlupentempo in den Bach fiel. Also doch drei Kenterungen ohne Folgeschäden. Am Abend wieder Grillfeuer und französischen Landwein Rouge ordinär. An der hessischen Bergstraße wäre das mit dem Küferschoppen vergleichbar. Der untere Var von Entrevaaux bis Malaussen war auf 28 Km schönes leichtes Wildwasser bei ausreichendem Wasserstand. Einziges Hindernis war ein altes Wehr bei der Straßenbrücke der N 202 bei Km 50,5. War aber problemlos darüber zu paddeln. Die Sonne strahlte vom azurblauen Himmel. Die mittägliche Hitze war gut auszuhalten auf dem spritzigen wilden Fluss. Hier am Var herrscht schon Mittelmeer-Klima. Keiner fiel rein und musste den Fischen guten Tag sagen.. Es war ein schöner Urlaubstag auf schnellem sauberen Fließgewässer in der Provence.

Achtung großer Stein

Inn und Ziller

Eine Alleinfahrt auf wilden Gewässern Ich hatte im Juli noch eine Woche Urlaub und da ich keinen Mitpaddler fand beschloss ich den Inn von Mötz bis Schwaz zu paddeln. Der mächtige Alpenfluss mit schneller Strömung reizte mich in im Alleingang zu paddeln. Aber mit dem Hintergedanken dort auf dem rechten Innufer an der Brücke eine Gruppe anzutreffen denen ich mich anschließen könnte. Dem war leider nicht so.

Nachdem ich abfahrbereit in einem der wenigen Buchten mit Kehrwasser im Boot saß kamen 2 Rafts mit je zehn Personen durch die Brücke und legten hier an. Die waren nur auf der oberen Strecke gepaddelt und machten hier Schluss. Da kamen zwei Kleinbusse mit Hänger an um die Meute wieder flussauf zu bringen. Rafter waren damals noch nicht so weit verbreitet wie heute. Ich schwenkte mein Kajak in die starke Strömung, die mich gleich mitriss. Bei dem angetroffenen Wasserstand lagen laut Flussführer bei WW I – II. an den Brücken waren leichte Schwälle und Wirbel. Ich hatte wenig zu paddeln und konnte die großartige Landschaft des Inntales genießen. Nach 68 Kilometern legte ich an den ersten Häusern von Schwaz an und durfte meine Ausrüstung im Garten eines Einfamilienhauses bei einem freundlichen Österreicher deponieren. Nach zwei Stunden Bahnfahrt und etwas über zwei Stunden mit meinem VW Käfer konnte ich mein Zeug abholen. Als Standlager hatte ich den unmittelbar am Ziller gelegenen Campingplatz in Kaltenbach gewählt. Am nächsten Tag setzte ich in Hippach ein. Paddelstrecke wie am Vortag schnelles, kaltes Hochgebirgswasser. Schwierigkeit WW I – II. am Endpunkt musste, bei Alleinfahrt, die Ausrüstung deponiert werden. Das ersparte mir aber nicht den einen Kilometer langen Fußmarsch mit dem Boot auf dem Wagerl zum Bahnhof der Schmalspur- Dampf- Eisenbahn. Diese brachte mich mit 30-40 Stundenkilometern in mehr als einer Stunde zu meinem Auto. Boot und Ausrüstung konnte am Bahnhof liegen bleiben. So erforderten 93 Paddelkilometer in den zwei Tagen über 200 Km mit dem PKW und etwas mehr als 100 Kilometer mit der ÖBB. Ohne die Anfahrt von Mannheim nach Österreich ins Inntal.

Anschließend besuchte ich die Internationale Wildwasserwoche in Obervellach. Dort waren wieder viele Kehrwasser die mich erwarteten. Gepaddelt wurden. Möll, Isel, Taurach, Mur und Rienza, viele Paddel-Kilometer von 1970 bis 2000 verhinderten es jedoch nicht hin und wieder eine Kenterung zu erleben.. Auch eine Folge davon, dass ich senkrecht bleiben". Ich hatte mit den Jahren eine eigene Technik entwickelt die Schwälle, Abfälle, Stufen und Wehre immer an der leichtesten Stelle zu befahren. Das war oft zwischen Hauptstrom und Kehrwasser sich vorbei zu mogeln. Fast bei jeder schwierigen Passage gab es die Möglichkeit des gefahrlosen Ausweichens. Das verhinderte meist Kenterungen.

„Taifun" das fast unzerstörbare Polyäthylenboot von Toni Prijon

Anfang der 1980er Jahre – „Jahre des legendären Taifun"

„Taifun" das war weder Wind noch Sturm. Genauer gesagt es war das neue Wildwasserboot von Prijon aus Rosenheim. Anfang des 20zigsten Jahrhunderts war Rosenheim die Stadt wo heute noch, 100 Jahre später, Faltboote von Klepper hergestellt werden. Etwa 1980 bis 1982 wurde der Taifun aus geblasenem Polyäthylen HTP aus der Form gehoben und eroberte schnell den Wildwasser Bootsmarkt. Mein erster Taifun hatte die Fertigungsnummer 983, das war ganz am Anfang. Viele Jahre war ich damit unterwegs. Es hatte mehrere Schrammen auf seinem roten Bootskörper abbekommen. In dem mehr als 10 Jahren auf Wildwasser keinerlei größere Schäden. Mit seiner Länge von 385 cm, langsam kamen Boote mit weniger als vier Meter auf den Markt, und einer Breite von etwa 60 cm wog es mehr als 25 Kilo. Ein bequemes, und mit einer großen Sicherheits – Luke ausgestattetes Kajak. Lange Jahre ein Verkaufsschlager aus Rosenheim. Heute, 30 Jahre später, werden im Wildwasser Boote von etwa um die 250 Zentimeter gefahren. Allroundboote von etwa vier Meter sind nicht mehr „in". So ändern sich die Zeiten. Es wird alles immer schnelllebiger auch im Kanusport. Auf Großflüssen sind die Paddler immer öfter mit Langeinern über fünf Meter unterwegs. Um allem gerecht zu werden sollte jeder mindestens drei bis vier Boote in verschiedenen Ausführungen in der Garage oder im Bootshaus liegen haben um allen Ansprüchen sgerecht zu werden.

Wildwasser, Schwälle und Stufen

Nach einer Kenterung „Bootsbergung"

Mehr oder weniger gut fahrbare Schwälle und Stufen

Die nachfolgende Liste nennt nur die bekanntesten und erhebt keinen Anspruch auf Vollständigkeit. Für die Befahrbarkeit wird keine Haftung übernommen. Nicht nach Flüssen, Namen und evt. Schwierigkeiten geordnet.

Sagritzer Rain, Wallerschwall, Tresdorfer Führschlag, Waldschlucht Stufen, Latzendorfer Wasserrann, Tauchenschwall Klausenkofel (bei Hochwasser), Weiberlauf, Inbut, Strahl, Mooserwellen, Kolbnitzer Loch, Rohrbrückenschwall, Straßenschwall, Silberstiege, Strassenwärterschwall, Seebachstufe, Happer, Maltakatarakt, Iselkatarakt, Iselabfall, Scheibum, Naturwehr, Brückenstufen, Schloif, Erlaufröhre, Falkenstein Katarakt, Treppenhaus, Dom, Schlüsselloch, Höllentor, Mandlingpass, Gesäuseeingang, Gstatterboden, Kummerbrücke, Treppenhaus, Dom, Schlüsselloch, Großer Lulli, Tor ohne Wiederkehr, Korkenzieher, Lorenzenschlucht, Elefantenzahn, Charlemagne, Dampfloch, Favoritentöter, Eispolster, Schloif Passarelle, Syphon, Styx, Faules-Loch, Hik-Hak, Imbut, Labyrinth, Kreuzkatarakt, Strahl, Favoritentöter, Kesselwehr, Badewanne.
Zu den schweren und schwierigen Schwällen und Passagen auf Wilden Wassern ist noch zu sagen:
Vorsichtige Wildwasserfahrer leben länger- Draufgängern kann es passieren, dass sie keine zweite Chance mehr bekommt.

Lieder für Paddler die Gitarre spielen und singen können

Nach der Melodie: Oh, du lieber Augustin

1. Kata-Strophe Oh, du liebe PaddlerIn, PaddlerIn, PaddlerIn,
Alles ist hin!
Boot ist weg, Paddel ist weg,
Schlüssel liegt auch im Dreck!
Oh, du liebeR, PaddlerIn, alles ist hin!

2. .....-Strophe Oh........usw.
Hemd ist nass, Hose ist nass,
Tief am Grund schwimmt der Pass,
Oh ....

3.....-Strophe Oh........usw.
Auto fährt auch nicht mehr,
Denn die Batterie ist leer!
Oh.......

4.......-Strophe Oh.......usw.
Gießen tut es fürchterlich,
Regenzeug finden wir nicht!
Oh......

5.....-Strophe Oh.......wieder der bekannte Refrain.
Aufgeweicht ist das Geld,
Wasser läuft rein ins Zelt
Oh......

6.......-Strophe Oh.......
Kocher daheim vergessen,
Brot haben die Mäu's gefressen.

Oh…….
Letzte Katastrophe: Oh du lieber Augustin…………
Spritzdecke hat auch ein Loch,
aber paddeln tun wir doch.
Oh….. Letzter Refrain

Verfasser unbekannt

Ein Paddler aus Kurpfalz

(Melodie: ein Jäger aus Kurpfalz.)
1. Ein Paddler aus Kurpfalz,
   der paddelt auf der Jagst daher
   gar lustig spritzt die Walz'
   grad wie es ihm gefällt
   Hali, hallo, lustig ist die Paddelei,
   im Hohenlohe-Kreis,
   im Hohenlohe-Kreis
2 Ob Stein, ob Wehr, ob Busch,
   schreckt den Paddler keine Spur,
   er saust mit Schwung hindurch
   : grad wie es ihm gefällt
   Hali, Hallo......
3. Auf jener grünen Au,
   Sieht man ihn sein Vesper kaun,
   sein Bierchen trinkt er aus,
   Grad wie es ihm gefällt.
   Hali, hallo......
4. Das Bier war kühl und frisch,
   da wurd er müd und passt nicht auf,
   und landet im Gebüsch,
   grad wies ihm nicht gefällt.
   Hali, hallo......
5 Dem Paddler aus Kurpfalz,
   macht das aber gar nichts aus,
   ist er auch nass und kalt,
   grad wie ihm das gefällt.
   Hali, Hallo, gar lustig ist die Paddelei
   im Hohenlohe- Kreis, im Hohenlohe-Kreis.

Literaturhinweise

Alpenflüsse – Kajakflüsse von Steidle und Pause BLV Verlag, München 1969

Wildwasser um Wildalpen Verkehrsverein Wildalpen

Flüsse der Int.-Wildwasserwoche TVN, Österreich Wien

DKV – Auslandsführer mit Österreich 1972 DKV Verlag, Duisburg

Kanufahren in den Alpen Jürgen Gerlach BLV Verlag, München 1992

DKV – Auslandsführer Südfrankreich Bd. 1 1972 DKV Verlag, Duisburg

Georges du Verdon Rodger Verdegen, 1974

Kanu Kajak Faltboot Elmar Engel Busse und Seewald, Herford Richtig Wildwasserfahren Holger Machatschek BLV Verlag, München 1986

Grundlagen des Kanusports Bauer, Hahn, Holz CD Verlag, Stuttgart 1977

Bayrisches Fluß-und Zeltwanderbuch R u. V. Verlag, München 1956

Kajakfahrten zwischen Donau und Inn Peter Dinter Pollner-Verlag, München

Das vorliegende Buch über die Anfänge unserer Wildwasserpadd-
lerei entstand unter Mithilfe von Barbara Nickisch (Text) und Fe-
reidoun Tavakoli (Bilder)

Der Fehlerteufel hatte in diesem Buch jede Menge Platz sein Un-
wesen zu treiben. Wir sind überzeugt, dass er dies auch getan hat
und bitten den Leser darüber hinweg zu sehen.

Mein letzter Satz:

„Lass' dich nicht ums Paddeln bringen –
denk an Götz von Berlichingen"

Alle Aufnahmen vom Autor

„meine Paddelschuhe"

Viele Jahre waren meine Paddelfreunde und ich mit Faltbooten auf Wanderfahrt.

Unsere Ausrüstung war dürftig und entsprach unseren damaligen geringen Ansprüchen. Als die Motorisierungswelle uns erreichte hatten wir bald kleine Autos. Das ermöglichte es uns die Faltboote durch Polyester Kajaks zu ersetzen.

Die Ausrüstung wurde umfangreicher und immer besser. Dachträger fertigten wir selbst passgenau für Autos und Boote. Bald kamen einige Firmen, die für Wildwasserpaddler die nötige Ausrüstung auf den Markt brachten. So wurde alles für diese Sportart ständig weiterentwickelt und mit der Zeit stark verbessert.

Neuentwicklung und Produktion von Gerät und Zubehör ist bis heute ein Umsatzstarkes Geschäft.

Herbert Guttropf